인간관계,

그 한마디가 부족해서

인간관계, 그 한마디가 부족해서

나무생각

야마기시 가즈미 지음 · 이정환 옮김

돌이켜보면 나는 보통 사람보다 다양한 직업을 경험했다. 한 번에 수십 명을 상대로 하는 화장품 세일즈 프로모션 기획을 꽤 오래 담당했고, 이후 경제 및 패션 잡지의 편집자 겸 기자로서, 나아가 서비스 분야 인재 육성을 담당하는 컨설턴트로서 다양한 업계, 직업, 직위의 사람들을 경험해왔다. 그리고 현재는 예방의학, 예방간호를 콘셉트로 하는 정체원整體院(골격, 관절, 근육의 변형이나 이상을 교정해주는 곳)을 운영하면서 세미나 강사와 작가로서의 일을 병행하고 있다.

전반적으로 '사람'을 상대로 하는 일이며, 그야말로 다양한 사람들을 만나왔던 게 사실이다. 그런 경험을 통해서 깨달은 것은 단 한마디로 인간관계가 좋아질 수도, 나빠질 수도 있다는 사실이다.

우리는 누군가의 사소한 한마디에 용기가 샘솟기도 하고 미소를 띠기도 하며 납득을 하기도 한다. 또 진지하게 생각하거나 감격하거나 결심하거나… 어떤 경우라도 '한마디'의 말은 매우 중요한 역할을 한다.

다시 말해서, "말 한마디에는 인간관계를 바꾸는 힘이 숨겨져 있다!"라고 해도 지나친 표현이 아닐 것이다. 부하 직원이나 후배를 교육하고 지도하는 관리직을 비롯해, 상사나 선배와의 관계를 바람직하게 만들고 싶다거나 좀 더 높은 평가를 받고 싶다고 생각하는 사람, 접객·판매·영업직 등 고객을 대면하여 일을 하는 사람, 그리고 육아에 힘쓰고 있는 부모들까지… 인간관계가 원만하거나 혹은 그렇지 못한 것은 모두 '한마디'에 달려 있다.

"부하 직원(후배), 상사(선배), 고객(손님), 내 자녀와의 관계가 원만해지면 좋겠다!"

이런 바람을 가지고 있는 사람들에게 이 책이 '한마디'의 중요성을 다시 생각할 수 있는 계기를 만들어준다면 더할 나위 없는 기쁨이 될 것이다.

차례

> ## Chapter 1. 마음을 붙잡는 한마디
> ### 당신의 팬이 늘어난다

Chapter 2. 상대의 마음을 녹이는 한마디
한순간에 거리가 가까워진다

Chapter 3. 설득력이 있는 한마디
내가 원하는 답변이 돌아온다

Chapter 4. 사람을 움직이는 한마디
유능한 사람들은 알고 있다

Chapter 5. 결과를 이끌어내는 한마디
일류 리더들은 이 말을 한다

Chapter 1.

마음을 붙잡는 한마디

×

당신의 팬이 늘어난다

"당신의 목소리를
듣고 싶었을 뿐입니다."

**더 친해지고 싶을 때
신뢰 관계를 구축하고 싶을 때
좀 더 깊은 인연을 맺고 싶을 때**

과거의 커뮤니케이션은 문자나 이메일이 아닌 전화가 주류를 이루었다. 기자, 편집자로서 뛰어다녔던 시절을 돌이켜 보면 저명인사, 경영자, 정치가들을 취재하기 위해 만남을 신청하거나 전화 인터뷰를 할 때는, 미리 질문 목록을 꼼꼼히 뽑고 머릿속을 차분히 정리한 뒤에 상대의 상황을 가늠하여 '실례가 되지 않는' 적절한 시간에 전화를 걸었다. 물론 상대가 전화에 응해준 이후에도 나름의 '긴장' 속에서 수화기를 움켜쥐고 있어야 했고, 그런 긴장된 마음을 안정시키기 위해 노력해야 했다.

그러나 지금은 전화보다 문자나 이메일이 주류를 이루고 있다. 따라서 전화보다는 부담 없이 의사소통을 할 수 있는 창구가 마련된 것이다. 하지만 여전히 "나는 전화가 아니면 불편해!"라고 말하는 사람도 있다.

문자와 달리 육성은 억양, 어휘, 화법 등을 통하여 '젊은 여성이다', '기분이 나쁜 것 같다', '지방 출신이다', '성실해 보인다'는 식으로 다양한 인상이나 정보를 얻을 수 있다. 상대의 목소리를 통해 '커뮤니케이션을 주고받고 있다'고 더 강하게 실감할 수 있기 때문에 "나는 전화가 편합니다."라고 말하는 사람도 있다.

내가 이전에 다녔던 회사의 CEO도 "나는 직원들과의 커뮤니케이션을 무엇보다 중요하게 생각합니다. 그래서 업계 최고의 기업으로 회사를 성장시킬 수 있었습니다."라고 말하곤 했다. 그는 '전화 소통'을 주장하는 사람 중 한 명인데, 나와도 가끔 전화를 주고받곤 했다.

"특별히 볼일은 없습니다만…(웃음) 왠지 사장님 목소리를 듣고 싶어서요…. 일은 잘되시지요?"

"그냥 사장님 목소리를 듣고 싶어서 전화했습니다…. 다음에 시간 되시면 식사라도 하시지 않겠습니까?"

내 쪽에서 이런 식으로 말을 하면, 나이 차이가 꽤 많은 젊은 사람이 자신에게 관심을 가지고 있다는 데에 그분은 크게 감격하곤 했다. 여러분이 연인에게 "당신 목소리를 듣고 싶었을 뿐이야."라거나 고향의 어머니에게 "네 건강한 목소리를 듣고 싶었을 뿐이다."라는 말을 들었을 때 기분이 좋아지는 것과 비슷한 맥락이다. 특별한 볼일이 없더라도 사람은 자기에게 한 번 더 관심을 보여주는 사람에게 호감을 느낀다는 사실을 기억해두자.

POINT 전화를 걸어 상대방을 잊지 않고 있다고 말한다.

"저하고 같네요."

가까워지고 싶을 때
친근감을 느끼게 하고 싶을 때
상대에게 인정받고 싶을 때

상대와 공통점이 많을수록 대화도 즐겁고 그만큼 마음을 터놓기 쉽다. 따라서 상대와 가까워지고 싶으면 '자신과의 공통점'을 놓치지 말아야 한다. 그리고 공통점을 발견하면 반가운 목소리로 말한다.

"○○ 출신이라고요? 저하고 같네요!"

"○○ 고등학교(대학교)를 졸업하셨다고요? 저하고 출신이 같네요!"

"빵을 좋아하신다고요? 저하고 입맛이 같네요!"

"저도 수영을 해본 경험이 있습니다. 저하고 같네요!"

그렇게 하면 긴장이 풀어지면서 친근감이 느껴진다. 처음 만나는 사이라 해도 쉽게 마음을 터놓을 수 있다.

상대와의 공통점에 주목하다 보면 이른바 '우연의 일치'를 자주 경험하게 된다. 왠지 뜻이 잘 맞는 사람들이라고 생각했는데, 알고 보니 그 부서 직원들 모두가 자신과 같은 혈액형이거나 같은 별자리였다는 식으로.

주의 깊게 관찰하다 보면 공통점이 너무 많기 때문에 신기한 수준을 뛰어넘어 오싹한 느낌마저 들 것이다. 공통점을 발견했을 때는 '나를 이끌어주는 신호'라고 받아들이자. 그렇게 하면 다양한 만남들이 가슴 설레고 즐겁게 다가온다.

상대가 누가 됐든 한두 가지는 반드시 공통점이 있으니 '저 사람과 나의 공통점은 무엇일까?' 하고 생각하며 살펴보자. 공통점을 발견하면 그것이 둘 사이의 화제가 되고 단번에 가까워질 수도 있다.

POINT 공통점을 화제로 삼으면 서로의 마음이 가까워진다.

"제가 도움이 될 일은 없겠습니까?"

상대에게 힘이 되어주고 싶을 때
좀 더 친해지고 싶을 때

한번은 이런 일이 있었다. 기관 연수교육을 진행하던 날이었는데, 예정보다 빨리 교육관에 도착했다. 이런저런 준비를 하고 있는데 연수생들이 우르르 들어왔다.

교육을 시작하려면 아직 시간이 있었기 때문에 끼리끼리 이야기를 나누는 연수생도 있었고, 호기심 가득한 눈빛으로 나를 지켜보는 연수생도 있었다.

그때 젊은 여성 한 명이 내가 있는 쪽으로 다가오더니 조심스럽게 물었다.

"제가 도와드릴 일은 없을까요?"

설마 그런 말을 들으리라고는 생각지도 않았기 때문에 나는 속으로 정말 감격했다.

직장에 다닐 때도 비슷한 경험을 한 적이 있다.

나의 능력으로는 감당하기 어려운 일을 하고 있을 때 동료와 선배가 먼저 다가와 이렇게 말했다.

"내가 할 일은 없어?"

"나도 도와줄게!"

또 일에 지쳐 있을 때 부하 직원이나 후배가 먼저 손을 내밀며 말한 적도 있다.

"제가 뭔가 도움이 될 만한 일은 없을까요?"

"도움이 필요하면 말씀해주십시오!"

이 한마디가 얼마나 믿음직스럽고 고마웠는지 모른다.

봉사활동 현장에서도 이런 말들은 자주 듣는다.

"제가 도울 일은 없나요?"

"제가 할 수 있는 일은 없을까요?"

"제가 도움이 될 수 있는 일이 있으면 시켜주세요."

'힘을 실어주는' 이런 말에는 누구라도 감동을 받지 않을 수 없다. 배려와 진심이 느껴지는 말이기 때문이다.

그러니 상사나 부하 직원이 일 때문에 힘들어하거나, 친구나 연인이 고민할 때, 아내나 남편이 바빠 보일 때, 아이가 걱정을 하고 있을 때, 이럴 때에는 '힘을 실어주는' 말을 해 주도록 하자. 틀림없이 기뻐할 것이다.

이런 말 한마디를 자연스럽게 들을 수 있는 직장이나 가정에 속해 있다면 그 또한 행복이다.

POINT 자발적인 나의 도움이 상대에게 감동을 불러일으킨다.

"부모님은 건강하시죠?"

신뢰 관계를 구축하고 싶을 때
좀 더 깊은 인연을 맺고 싶을 때

직장에 다니던 시절에 이런 일이 있었다. 엘리베이터를 타려는데 거기에 사장님이 먼저 타 있었다. 사장님과 단둘뿐이라 무슨 말을 해야 하나 고민하고 있는데, 갑자기 사장님이 불쑥 물어왔다.

"부모님은 건강하시지요?"

"네? 아, 네. 덕분에…."

"그래요. 다행입니다."

화장실에서 상사와 마주쳤을 때도 갑자기 상사가 걸음을 멈추고 이렇게 물어올 수 있다.

"그러고 보니 뉴스에서 ○○ 지역에 비가 많이 왔다고 하던데 부모님 댁은 괜찮습니까?"

"네, 괜찮다고 하십니다."

"아, 그래요. 다행입니다."

책상 앞에 앉아 업무를 처리하고 있을 때 후배가 다가와 묻기도 한다.

"아이가 입원했다고 하던데… 괜찮은가요?"

"응. 괜찮아! 걱정하지 않아도 돼. 신경 써줘서 고마워!"

이처럼 자연스럽게 자신의 가족에게 신경을 써주는 말을 들으면 기분이 좋다. 그래서 나도 그들처럼 신뢰 관계를 구축하거나 더 친해지고 싶을 때 자연스럽게 가족의 안부를 묻는다.

"○○ 씨 부모님은 건강하십니까?"

"○○ 씨 가족은 별일 없지요?"

"아드님은 건강이 좋아졌나요?"

지나친 호기심과는 별개로, 상대에게 무심하지 않고 신경을 쓰고 있음을 보여주는 중요한 한마디다.

동일본 대지진을 계기로 최근 나는 피해 지역에서 정체원을 운영하고 있는데, 치료를 위해 방문한 고객들에게 용건만 말하지 않는다.

"따님(아드님)은 많이 나았나요?"

"그 귀염둥이 강아지는 건강한가요?"

"할머니 컨디션은 어떠신가요?"

이렇게 가족과 반려동물에게 신경을 쓰는 한마디를 자연스럽게 함으로써 유대관계를 높일 수 있다.

POINT 다정한 관심으로 인연은 한층 더 깊어진다.

"많이 가르쳐주십시오!"

부하 직원이나 후배의 협력을 얻고 싶을 때

상사나 선배의 입장에 놓여 있는 사람들이라면 "부하 직원이나 후배들에게도 솔직하게 가르쳐달라고 말할 수 있어야 한다."라는 말을 실감한 경험이 많을 것이다. '그건 가능하면 피하고 싶은데…'라고 생각하는 사람들도 적지 않을 것이다. 부하 직원이나 후배에게 물어볼 바에는 차라리 직접 부딪치거나 조사해보는 쪽이 낫다고 여기는 것이다. '바보 취급당하고 싶지 않아!'라거나 '경멸당하고 싶지 않아!'라고 생각하여 꾹 참는 식이다. 그 마음은 충분히 이해할 수 있다.

하지만 내 경험은 다르다.

"야마기시 씨, 이거 뭐라고 읽는 거예요?"

상사에게 이런 질문을 받았을 때 나는 적잖이 기분이 좋았다. 사소한 문제지만 나를 믿어준다는 느낌이 들었기 때문이다. 상사가 나에게 뭔가를 가르쳐달라고 해서 상사에 대한 존경심이 흔들리는 일은 전혀 없었다.

"야마기시 씨, 이것 좀 가르쳐줘요!"

대선배에게 이런 말을 들었을 때에는 말로 표현하기 어려울 정도로 기분이 좋았다.

'이런 것도 모르나?' 하는 생각은 전혀 들지 않았다.

"야마기시 씨, 이거 어떻게 해야 되는 거죠?"

회사 대표에게 이런 말을 들었을 때 역시 기분이 좋았다.

그래서 나도 부하 직원이나 후배들에게는 필요한 게 있을 때 가벼운 마음으로 '가르침'을 구하는 편이다.

"○○ 씨, 이것 어떻게 하는지 알죠? 좀 가르쳐줄래요?"

"○○ 씨, 이것 좀 설명해 줄래요?"

"○○ 씨, 나 좀 도와줘요."

"○○ 씨, 이거 정말 급한데 좀 가르쳐줄 수 있을까요?"

어떤 경우든 모두가 기분 좋게 기꺼이 가르쳐주었다.

그러니 여러분도 부하 직원이나 후배에게는 가벼운 마음으로 도움을 요청해보길 바란다.

'자신이 누군가에게 도움이 된다'는 것만큼 기분 좋은 일은 없다. 예를 들어 자녀가 있는 사람이라면 자녀를 가르치는 것도 좋지만 반대로 모르는 것을 가르쳐달라고 부탁도 해보자. 아마 아이가 눈을 빛내면서 자랑스러운 표정으로 그 어느 때보다 열심히 가르쳐줄 것이다. 어쩌면 속으로 '자신'을 인정해준 것에 틀림없이 기뻐하고 있을 것이다.

POINT 누군가에게 도움이 된다는 사실이 의욕을 높여준다.

"ㅇㅇㅇㅇ."(^.^)

부드러운 인상을 주고 싶을 때
마음을 터놓고 지내고 싶을 때

상대에게 문자로 무엇인가 부탁을 받을 때 "ㅇㅇ해주십시오."라는 명령 같은 말투에 불쾌한 느낌을 받거나 화가 난 경험이 있을 것이다.

하지만 같은 내용이라도 이렇게 보내면 어떨까?

"ㅇㅇ해주십시오.(^.^)"

상대가 받는 인상은 전혀 다르다. '한마디'가 아니라 '한 문자'이지만 '웃는 표정(^.^)'의 효력은 무시할 수 없다. 아무리 냉정한 문장이라도, 아무리 멋스럽지 못한 문장이라도, 아무리 단순한 문장이라도 '웃는 표정' 하나가 첨부되는 것만으로도 해석이 바뀌고 미소가 지어진다.

물론, 모든 문자에 '웃는 표정'을 붙인다고 좋은 것은 아니다. 특히 선배나 상사, 친숙하지 않은 사람에게 함부로 사용하면 오히려 가볍거나 무례한 느낌을 줄 수도 있다. 그렇기 때문에 적절하게 상황을 구분해서 사용해야 한다. 능력 있는 비즈니스맨은 이런 센스도 뛰어나다.

POINT 웃는 표정 하나로 자신의 감정을 적절하게 전달할 수 있다.

"걱정하지 마세요.
잘될 거예요."

병원 신세를 지게 되었을 때 우리는 "무슨 병일까?"라거나 "어떤 검사일까?" 혹은 "어떤 수술일까?"라는 식으로, 불안감과 걱정이 끊이지 않는다. 그럴 때 간호사에게 이런 한마디를 듣는다고 생각해보자.

"○○ 씨, 걱정하지 마세요. 잘될 거예요."

이 말 한마디로 마음이 편해지고, 용기를 얻고, 불안함과 두려움이 사라진다.

아직 경험한 적 없는 일을 담당하게 되어 불안감과 걱정에 싸여 있을 때 상사나 선배가 다가와 자연스럽게 "걱정 마.

너라면 잘할 거야!"라고 얘기해준다면 어떨까? 그 한마디로 마음이 편해지면서 용기를 얻을 수 있다.

정체원에 처음 방문한 고객들은 대개 불안한 표정으로 병원문을 연다. 컨디션이 나쁘니까 어찌 보면 당연할 수도 있다. 그래서 불안감을 해소시켜주기 위해 나는 상태가 호전되거나 완쾌된 다른 고객들의 사례를 들려준 뒤에 "○○ 씨도 틀림없이 잘될 겁니다."라는 한마디를 덧붙인다. 물론 모든 것이 '100% 잘된다'는 보장은 없다. 그래서 이 말은 상대의 상태를 보고 신중하게 사용한다.

덧붙이자면, "잘될 거예요!"라는 한마디로 표정이 밝아지는 고객일수록 빨리 호전되고 회복될 확률이 매우 높다는 사실이다. "질병은 마음에서 온다."라는 말이 있는데, 확실히 맞는 말이라고 생각한다.

POINT 불안할 때일수록 잘될 거라는 한마디가 고맙게 느껴진다.

"어떤 경우에도 저는
당신 편입니다."

응원하고 싶을 때
격려하고 싶을 때
용기를 주고 싶을 때

잡지 기자로 일했던 시절, 회사에 내용증명이 날아왔다. 내가 쓴 기사를 명예훼손으로 고소하겠다는 것이다.

기사는 평판이 그다지 좋지 않은 기업과 인물을 다룬 내용이었는데, 업계를 잘 알고 있는 매스컴 관계자들 사이에서는 그 기업과 인물의 취재는 '금기'로 여겨지고 있었다.

내용증명은 이른바 '협박'을 하기 위한 상투적인 수단이다. 대부분의 경우, 고발인은 증언대에 나타나지 않고 화해로 끝난다….

이번에도 결론부터 말하자면 상대는 증언대에 나타나지

않았고 화해로 끝이 났지만 내가 받은 정신적인 충격은 매우 컸다. 그것이 바로 상대가 노린 목적이었을 것이다.

당시 좀처럼 얻을 수 없는 여러 증언에 근거하여 집필한 기사인 만큼 내 입장에서는 일종의 '특종'이었다. 그러나 '재판'이라는 말이 나오자 지금까지 기사 집필에 협력적이었던 사람들이 손바닥을 뒤집듯 일제히 비협조적으로 나왔다. 상대가 "무서운 조직과 연결되어 있다."라는 소문이 끊이지 않았던 만큼 흔쾌히 증언을 해주겠다고 나서는 사람이 없었다. 그것은 정말 충격이었다.

"저는 인터뷰를 할 때 그런 말을 한 적이 없습니다."

"제 이야기는 모두 잊어주십시오."

이른바 '아군'이라고 믿었던 사람들이 이렇게 태도가 바뀔 수 있나 싶어 솔직히 사람을 믿을 수 없게 되었다.

그런 상황 속에서도 "나는 어떤 경우에도 네 편이야!"라는 동료의 한마디가 얼마나 마음 든든했는지 모른다.

연인이나 가족이라면 몰라도 정말 힘든 상황에 놓여 있는 사람에게 이 한마디를 던진다는 것은 상당한 용기와 책임이 뒤따르는 일이다. 물론 상대가 놓여 있는 입장이나 상황에 따라 다르기는 하다.

어쨌든 그때의 그 한마디에 큰 힘을 얻은 경험을 잊을 수 없었다. 그래서 나는 더더욱 그런 곤경에 처해 있거나 고립 무원 상태에 놓인 사람에게는 "어떤 경우에도 저는 당신 편입니다."라는 한마디로 격려해준다.

POINT 상대에게 결코 혼자가 아니라는 사실을 느끼게 한다.

"저도 함께하겠습니다."

상대가 안심하기를 바랄 때
불안해하지 않기를 바랄 때
좀 더 인연을 깊게 맺고 싶을 때

연수교육을 의뢰받았는데 장소가 멀면 '잘 찾아갈 수 있을까?' 하는 불안감이 든다. 그런데 담당자가 "역에서 기다리겠습니다. 현지까지 저도 함께 가겠습니다."라는 말을 해주면 마음이 놓인다.

직장에서도 상사나 선배로부터 "다음 주까지 ○○를 해주세요!"라거나 "○○와 관련된 건, 잘 부탁해요!"라는 지시를 들을 경우, 그것이 중요한 일일수록 불안감과 걱정이 밀려온다. 그렇지만 "나도 함께할 테니까 걱정하지 마세요!"라는 말 한마디에 마음이 놓였던 경험이 여러 번 있다.

그래서 나도 부하 직원이나 후배에게 중요한 일을 맡길 때에는 "나도 함께할 테니까 전혀 걱정하지 않아도 돼!", "여차하면 나도 함께 해결할 테니까 마음 놓으라고!"라고 말해준다. 나아가, 목표를 향하여 매진하고 있는 젊은 부하 직원에게도 "나와 함께 파이팅 해보자고!"라고 말해준다.

육아를 잘하는 어머니는 "엄마하고 같이 ○○하자!"라거나 "엄마가 같이 있으니까 안심해도 돼."라는 한마디를 빼놓지 않는다. 그 말 한마디에 아이는 마음 놓고 따라와준다. 정말 누구나 배워서 써먹었으면 하는 한마디다.

POINT 함께 있다는 것을 느끼게 한다.

"누구나 할 수 있습니다."

불안감을 떨치게 하고 싶을 때
자신감을 가지게 하고 싶을 때

　한번은 내가 어떤 전문가의 능숙한 일처리를 보고 감탄하며 이렇게 말했다.

　"대단하십니다. 저라면 아마 금방 포기했을 겁니다. 절대 할 수 없다고 생각했을 거예요."

　그러자 그 전문가가 이렇게 말했다.

　"대단하긴요. 나름대로 일에서의 효율성을 추구하다 보니까 자연스럽게 이렇게 된 것이지요. 당신도 충분히 할 수 있습니다."

　또 목장에서 일을 하다가 채식주의자가 된 친구에게 이런 말을 한 적이 있다.

"정말 대단하다. 하지만 야채만 먹으면 영양이 부족하지 않을까?"

친구는 내 말을 듣더니 이렇게 말했다.

"그게, 전혀 문제가 없더라고. 이곳에서 지내다 보면 너도 자연스럽게 고기가 먹기 싫어질 거야."

비즈니스맨 생활에 마침표를 찍고 엔지니어 세계로 뛰어든 지인과 나눈 대화도 예로 들 수 있다.

"대단하십니다. 그 기술을 익히기까지 고생 많으셨지요?"

"아닙니다. 유능한 선배들과 먹고 자면서 배우고 부딪치다 보면 당신도 자연스럽게 기술을 익히게 될 겁니다."

그래서 부하 직원이나 후배로부터,

"대단하십니다!"

"저한테는 무리입니다."

"저도 할 수 있을까요?"

이런 말을 들으면 그 불안감이나 걱정을 해소해주기 위해 나는 이렇게 격려해준다.

"선택받은 사람만 이렇게 할 수 있는 게 아니야! 노력하면 너도 자연스럽게 잘할 수 있게 돼!"

"특별한 재능이 있어서 할 수 있는 게 아니에요! ○○ 씨도 계속하다 보면 자연스럽게 할 수 있을 거예요!"

"○○ 씨도 경험만 쌓으면 자연스럽게 할 수 있어요!"

"꽤 힘이 들 것이라고 생각할 수 있지만 습관이 되면 너도 자연스럽게 할 수 있어!"

POINT 불가능한 일이 아니라는 사실을 깨닫게 한다.

"정말 귀엽지 않습니까?"

불평을 듣고 어떻게 대응할지 망설여질 때

나는 정체원을 운영하고 있는데, 고객들과 친숙해졌다고 느낄 때쯤 그들에게 이런저런 불평이나 불만을 듣는 경우가 많다.

우선은 고객들이 '내게 마음을 열어주었다는 증거'이기 때문에 기분 좋게 생각하지만, 그에 대한 나의 대응은 한결같다.

"최근에 제 남편이 요리에 흥미를 가지기 시작했어요. 얼마 전에는 카레를 만들어주었는데, 세상에, 카레에 우무를 넣은 거예요."

　"남편분이 열심히 연구하신 모양이네요. 정말 귀엽지 않습니까?"

　"할머니는 정말 고집이 세서 제가 하는 말에는 전혀 귀를 기울이지 않아요. 그런데 젊은 남성 간병인이 하는 말은 무엇이든 옳다는 거예요."

　"젊은 남성을 좋아하시나 보죠. 정말 귀엽지 않습니까?"

　"아내가 파트타임으로 일을 다니는데 귀찮아서 그러는지 저녁은 늘 찌개예요. 그제는 두부찌개를 끓이더니 어제는 김치찌개를…. 질릴 것 같아요."

　"일하는 주부의 지혜이지요. 정말 귀엽지 않습니까?"

　물론 대화 내용에 따라 다르기는 하지만 가능하면 "정말 귀엽지 않습니까?"라는 말을 덧붙이려고 시도해본다. 그렇게 말하면 상대도 "그렇긴 하죠." 하며 함께 미소를 짓는다.

　번거롭다거나 얄밉다고 여겨졌던 일인데, 한 걸음 물러나서 바라보니까 상대가 정말 귀엽게 느껴졌던 경험은 여러분에게도 한 번쯤 있을 것이다. 이 한마디는 그런 또 다른 관점을 깨닫게 해준다.

한편 어떤 경험 많은 간병인이 내게 이런 말을 해주었다.

"밉다는 생각이 들어도, 귀찮다는 생각이 들어도, 한심하다는 생각이 들어도 상대를 귀엽다고 생각할 수 있어야 진짜 어른이지요!"

역시 경험자의 말에는 깊이가 있다.

POINT 한 걸음 물러나서 바라보면 해석도 바뀐다.

"○○해주신다면
정말 감사하겠습니다."

"매장의 규칙을 전혀 지키지 않습니다. 어떻게 해야 좋겠습니까?"

이처럼 고객의 태도나 언행 때문에 고민을 하는 사람이 많기 때문에 비슷한 상담을 자주 받고 있다. 하지만 "출입 금지를 하십시오!"라는 말은 도저히 할 수 없다. 그렇다고 제멋대로 행동하는 고객을 그냥 내버려두면 더욱 함부로 행동할 것이다. 따라서 언젠가는 주의를 주어야 하는데….

"매장의 규칙이니까 ○○해주십시오!"

"다른 고객에게 피해를 끼치는 행동입니다!"

"○○는 하지 마십시오!"

이런 식으로 명령을 하는 듯한 말투로 이야기하면 누구나 기분이 나빠지기 때문에 오히려 반발을 사거나 불평이 터져 나온다.

따라서 꾸짖는 것보다 이런 행동을 해서는 안 된다는 사실을 깨닫게 하는 것이 중요하다. 나는 무엇보다 미소를 잃지 말라고 충고해준다.

싱긋 미소를 지으면서 이렇게 말하는 것이다.

"고객님이 ○○해주신다면 정말 감사하겠습니다."

"고객님이 ○○해주시면 제가 정말 편할 것 같습니다."

"고객님이 ○○해주신다면 다른 고객분들도 기뻐하실 것입니다."

덧붙이자면, 자녀를 키우는 어머니들도 "네가 ○○를 해주면 엄마는 정말 기분 좋을 것 같아."라는 말을 자주 사용한다. 강요보다는 기분 좋은 교감으로 상대의 마음을 움직이는 한마디다.

POINT 내 생각이 옳더라도 갑자기 윽박지르면 반발을 사게 된다.

"추신(P.S.)"

문자나 이메일로 마음을 전하고 싶을 때

이제 이메일은 업무상 빼놓을 수 없는 도구가 되었다. 업무 내용에 따라 같은 상대와 이메일을 100통 가까이 주고받는 경우도 드물지 않다. 그 때문에 업무상의 이메일에서는 감정을 섞지 않고, 불필요한 말은 피하고, 담담하게 쓰면 된다고 생각하기 쉽지만 지나치게 사무적이어서는 '마음'이 통하지 않는다. 여러분도 이메일을 주고받는 동안에 뭔가 답답함이 느껴진 적이 있을 것이다.

그래서 나는 가능하면 이메일 마지막에 '추신(P.S.)'을 넣도록 신경을 쓰고 있다. '추신'을 이용해서 근황 보고나 감사의 마음, 반려동물 이야기 등 간단한 한마디를 첨가하면 경직됨이 사라지고 친근함마저 생긴다.

'추신'을 첨가하는 것만으로 서로의 표정을 떠올리기 쉽고 마음도 통하여 업무를 한결 편하게 처리할 수 있다.

덧붙여, "안녕하세요.", "정말 오랜만입니다."라는 틀에 박힌 문구도 "건강하시지요?", "오늘도 정말 피곤한 하루였습니다.", "지난번 일은 정말 감사합니다." 등으로 바꾸면 마음이 훨씬 가까워진다.

POINT 마음이 통할 수 있도록 추신을 이용해서 업무와 관련된 화제를 뛰어넘어본다.

"이제 졸업했습니다!"

모임에서 어떤 사람이 "저는 A사에 입사했는데, 그곳에서 일을 배우고 1년 만에 졸업했습니다. 이후에는 B사로 옮겨 그곳에서 일을 배운 뒤 졸업했고, 마지막으로 C사에서 경험을 더 쌓은 뒤에 창업했습니다!"라고 자기소개를 하는 것을 보고 감탄한 적이 있다. '퇴직'이나 '퇴사'라고 표현하지 않고 '졸업'이라고 표현했기 때문이다.

즉, 그 사람은 직장을 '학습 장소'로 보고 있는 것이다. 또 스스로 목표를 설정하고 그것을 완수했기 때문에 졸업했다고 표현할 수 있었을 것이다.

오랜만에 친구를 만났는데 그가 회사를 최근에 그만뒀다고 말했다.

"응? 퇴사했다고?"

"응. 충분히 경험을 쌓았으니까 이제 졸업해야지!"

그 말을 듣고 나도 모르게 "졸업 축하한다!"는 말을 할 뻔했다. '퇴사'라는 말을 들으면 왠지 부정적인 이미지로 받아들여진다. 하지만 '졸업'이라는 말을 들으면 왠지 전향적인 인상을 받는다.

또 다른 친구를 만났을 때 그도 비슷한 말을 했다.

"응? 담배를 끊었다고?"

"응. 흡연은 이제 졸업했어!"

그런 말을 듣자 지금도 담배를 끊지 못하는 내가 열등생처럼 느껴지고 친구가 우등생처럼 보였다.

그래서 나도 최근에는 그들처럼 '졸업'이라는 말을 자주 사용하고 있다. 예를 들어 연수교육을 할 때 이렇게 말한다.

"여러분, 빨리 이 연수를 졸업하십시오!"

"○○ 씨는 목표를 달성했으니까 이제 졸업입니다!"

"진심으로 노력하지 않으면 졸업할 수 없습니다!"

그리고 정체원을 방문하는 고객들에게도 어서 졸업하라고 말한다.

"체질을 개선해서 빨리 치료를 졸업하셔야지요."

"컨디션이 상당히 좋아지셨으니 슬슬 졸업하시지요."

"그동안 그렇게 많은 병원을 다니셨습니까? 빨리 졸업하셔야겠네요!"

이런 식으로 '졸업'이라는 표현을 이용하여 상대의 동기를 강화하거나 성취감을 느끼게 해줄 수 있다.

POINT 졸업했다는 표현은 전향적 인상을 심어준다.

"실례했습니다!"

음식점이나 다른 공공장소에서 트림을 하거나 심하게 웃다가 자기도 모르게 방귀를 뀐 적이 있나? 살아 있는 한 누구나 그런 경험은 할 수 있다.

만약 여러분이 당사자라면 어떻게 할까? 본인의 실수를 모르는 척 넘어가는 사람도 있을 것이다. 하지만 그 순간 마음속은 견딜 수 없는 창피함으로 가득 찬다. 주변의 '침묵'을 견뎌내기가 정말 어렵다.

그럴 때는 분위기가 정적에 휩싸이기 전에 즉시 "실례했습니다!"라고 말하는 것이 바람직하다. 때를 놓치지 말고 즉시 큰 소리로 "실례했습니다!"라고 말하는 것이다. 그렇게 하면 묘하게도 부끄럽고 거북했던 기분이 사라져버린다. 단 한마디로 주변의 관심이나 주목도 멀어져간다.

나도 이런 실수를 한 적이 있다. 연수에서 강의를 하던 도중에 입에 물고 있던 목캔디가 튀어나와 바닥에 떨어졌다. 그 자리에 있던 연수생들은 '틀니가 빠진' 것으로 오해하여 깜짝 놀랐을지도 모른다. 어쨌든 강연장은 정적에 휩싸였고, 모두 '깜짝 놀란' 표정을 지었다.

그래서 재빨리 "목 컨디션이 좋지 않아서 캔디를 물고 있었는데… 실례했습니다!"라는 한마디를 던졌고, 그 덕분에 아무 일 없었던 것처럼 강의를 재개할 수 있었다.

'사람들이 눈치채지 못하도록 숨긴다.'라는 생각을 할수록 더욱 긴장되고 부끄러워진다는 사실을 명심하자.

POINT 시간을 끌수록 부끄러움은 더욱 커진다.

"너무 기뻐서
말로 표현할 수 없습니다!"

감사의 마음이나 기쁨을 전하고 싶을 때

가수 오다 가즈마사小田和正 씨의 〈말로 표현할 수 없어〉라
는 노래가 있다.

기뻐서 너무 기뻐서 말로 표현할 수 없어
라라라… 말로 표현할 수 없어

가사 내용이나 멜로디는 정말 단순하지만 듣고 있으면 눈
시울이 붉어진다. 사실 정말 기쁠 때일수록 좀처럼 어울리는
말이 떠오르지 않는다. 그럴 때는 다음과 같이 있는 그대로

솔직하게 표현하는 것이 진심을 가장 잘 전할 수 있는 말이 되기도 한다.

"당신을 만나서 정말 운이 좋았다는 생각이 듭니다! 너무 기뻐서 말로 표현할 수 없습니다!"

"○○ 씨에게는 정말 많은 신세를 졌습니다. 너무 감사해서 말로 다 표현할 수 없습니다!"

"이건 모두 당신 덕분입니다! 너무 고마워서 말로 표현할 수 없습니다!"

덧붙여, 서비스업에 종사하는 사람들이 "고객에게 감사의 마음을 전하고 싶은데 어떤 말이 좋을까요?"라고 상담을 요청해오면, 나는 오다 씨의 〈말로 표현할 수 없어〉를 들어보도록 권한 뒤 그 마음 그대로 전하라고 조언을 해준다.

POINT 솔직하게 있는 그대로 표현된 메시지가 감동을 이끌어낸다.

"당신의 즐거움이 저의 재산입니다."

기쁨을 공유하고 인연을 돈독히 하고 싶을 때

일을 의뢰한 사람으로부터 "덕분에 큰 성과를 올릴 수 있었습니다. 정말 감사합니다."라는 말을 듣고, 나 또한 이렇게 말해주었다.

"도움이 되셨다니 다행입니다. 당신의 기쁨이 저의 기쁨이고 재산입니다! 저야말로 감사드립니다."

연수생들에게 "덕분에 좋은 결과를 낼 수 있었습니다. 진심으로 감사드립니다."라는 말도 종종 듣는데, 그럴 때마다 나는 이렇게 말했다.

"정말 다행입니다. ○○ 씨의 기쁨이 저의 재산입니다!"

또 정체원을 방문한 고객에게 "이렇게 건강하게 회복하게 해주셔서 정말 감사해요."라는 말을 들을 때도 이런 식으로 답한다.

"저도 기쁩니다. ○○ 씨의 기쁨이 저의 보람이자 재산이라는 것만 기억해주십시오."

'재산'이라고 하면 과장스럽게 들릴지 모르지만 나는 진심이다. 그 이상의 재산은 없다고 생각한다.

하지만 '약간 과장스럽다'는 느낌이 드는 경우도 있는데, 그럴 때에는 "○○ 씨의 기쁨이 저의 기쁨입니다."라는 식으로 바꾸어 말한다.

덧붙여, "○○ 씨의 ○○는 저의(제게 있어서) ○○입니다."라는 말을 다양한 상황에 적용해보자.

예를 들어 상대를 격려할 때에는,

"그렇게 침울해하지 마시고 힘내십시오. 당신의 활기 넘치는 모습이 제게 활기를 불어넣어줍니다!"

상대를 위로할 때에는,

"이제 더 이상 아파하지 마십시오. ○○ 씨의 미소가 저로 하여금 미소 짓게 한다는 것만 기억해주십시오!"

상대에게 응원을 보낼 때에는,

"역시! ○○ 씨의 활약은 저의 자랑입니다!"

상대를 칭찬할 때에는,

"훌륭해! ○○ 씨의 성장은 나의 보람이야!"

이런 식으로 여러분도 '자신에게 어울리는 한마디'를 생각하고 적용해보길 바란다.

POINT 상대가 있기 때문에 지금의 내가 있다는 사실을 잊지 말자.

"제가 개선해야 할 점을 가르쳐주십시오!"

스스로를 연마하고 싶을 때
바람직한 신뢰 관계를 유지하고 싶을 때

"상사는 부하 직원보다 월등하다."라거나 "부모는 자녀보다 월등하다."라는 식으로 생각하여 상대를 무시하거나 억압하는 사람이 많다. 그렇게 상대를 대하면 그는 언젠가 당신 곁을 떠나버릴 것이다. 바람직한 인간관계를 구축하려면 나이나 성별, 학력이나 지위 등에 얽매이지 말고 항상 겸손한 마음을 가져야 한다.

그래서 나는 부하 직원이나 후배를 대할 때 늘 이런 말을 해왔다.

"내게도 부족한 점이 있으니까 혹시 개선하기를 바라는

점이 있으면 주저하지 말고 말해줘요."

"내게도 결점이 있으니까 고쳤으면 하는 부분이 있으면 언제든지 말해주세요."

그 결과, 그들에게 '내가 그랬구나!' 하는 느낌이 들 만큼 뜻밖의 지적을 받고 반성을 하는 경우가 많았다. 하지만 불쾌하기보다 그들의 솔직한 조언 덕분에 신뢰 관계를 더욱 돈독하게 유지할 수 있었다고 생각한다.

또 나는 상사나 선배에게도 이런 말을 해왔다.

"제가 개선해야 할 점이 있다면 말씀해주십시오!"

"저의 결점이 무엇인지 가르쳐주십시오."

그 결과, 내가 미처 깨닫지 못했던 부분들을 지적받고 "그렇구나." 하고 납득할 수 있었다. 만약 그런 질문을 하지 않았다면 나는 평생 나 자신의 결점이나 문제점을 깨닫지 못했을 것이다. 나의 결점을 솔직하게 지적해준 그분들에게 진심으로 감사하고 있다.

그래서 부하 직원과의 신뢰 관계를 구축하고 싶어 하는 관리직은 물론이고, '스스로를 연마하고 싶다.'라고 생각하는 사람이나 '상사나 선배에게 인정을 받고 싶다.'라고 생각하는 사람들에게도 이 한마디를 권한다.

한편 이 한마디를 부하 직원이나 후배에게 듣게 된 상사나 선배라면 감정은 섞지 말고, 어디까지나 객관적인 입장에서 솔직하게 의견을 말해주어야 한다. '이것이 기회'라고 생각하여 주관적인 비판(지적)을 하면 상대의 기를 죽이고 반발만 사게 되니 주의해야 한다.

POINT 겸손하고 순수한 마음을 잃으면 성장은 멈추어버린다.

"곤란한 일이 있으면 언제든 편히 말해주십시오."

상대에게 안도감을 주고 신뢰를 얻고 싶을 때

상품을 구입했는데 나중에 문제가 발생하거나, 계약을 했는데 뒤늦게 의문이 드는 경우가 종종 있다. 그런데 물건을 구입하거나 계약을 할 때 담당자로부터 이런 말을 들을 적이 있을 것이다.

"불편한 점이 있으면 언제든 마음 편히 연락해주십시오."

"만약 문제가 있으면 언제든지 상담해주십시오."

"이해하기 어려운 부분이 있으시면 주저하지 말고 알려주십시오."

이런 말 한마디를 들으면 마음이 놓인다. 또 상대에 대한 신뢰감이 싹튼다. 물론 이 한마디는 부하 직원이나 후배를 대할 때도 효과적이다. 나는 부하 직원이나 후배가 새로운 일에 도전할 때나 일이 서툰 신입 사원을 대할 때 이 말 한마디를 해왔다.

"모르는 점이 있으면 언제든지 편하게 말해주세요!"

"의문이 있으면 무엇이든 물어봐요!"

"고민이 있으면 걱정하지 말고 말해줘요!"

고민이든 의문이든 걱정이든 상담을 받고 그것들을 해결하거나 해소해주면서 상대의 마음을 붙잡는 것이다. 신뢰 관계는 이런 과정을 통하여 더욱 두터워진다.

부하 직원이나 후배와의 신뢰 관계를 강화하고 싶은 사람이라면 반드시 시도해보기를 바란다.

POINT 부하 직원이나 후배는 '상담할 수 있는 상사나 선배'를 원한다.

Chapter 2

상대의 마음을 녹이는 한마디

×

한순간에 거리가 가까워진다

"당신만 할 수 있는 일입니다!"

"○○ 씨, 이거 10일까지 부탁해요!"

"○○ 씨, 그 일은 5시까지 해줄래요?"

부하 직원에게 이런 식으로 일을 부탁하는 상사가 많은데, 항상 일방적인 지시를 한다면 부하 직원은 '왜 항상 이런 일만 맡기는 거야?'라거나 '아, 오늘은 정말 운이 나쁜 날이야.'라고 생각할 수 있다.

따라서 때로는 다른 방식으로도 부탁할 수 있어야 한다.

"이번 건은 간단한 일이지만 절대로 실수해서는 안 됩니다. 이건 베테랑인 ○○ 씨가 아니면 부탁할 수 없는 일이에요. 10일까지 잘 부탁해요!"

"거래처 사장님이 오실 텐데, ○○ 씨, 브리핑을 부탁해요. 당신만큼 브리핑을 잘하는 사람이 없잖아요."

이런 식으로 "당신을 가장 믿는다!"라는 것을 전제로 부탁을 한다면 부하 직원도 "맡겨주십시오!"라는 마음으로 기꺼이 받아들여줄 것이다.

나도 기업으로부터 연수교육을 의뢰받을 때 이런 식으로 의뢰를 받으면 쉽게 거절할 수 없다.

"이번 연수교육은 아무나 할 수 있는 것이 아닙니다. 이 교육은 ○○로 실적을 올린 경험이 풍부한 야마기시 씨만 할 수 있습니다! 부디 잘 부탁합니다!"

그래서 나도 무엇인가 다른 사람에게 부탁할 때에는 진심을 담아서 다음과 같이 말한다.

"이번 건은 제가 가장 믿을 수 있는 ○○ 씨만 할 수 있는 일입니다!"

"이런 일에 경험이 풍부한 ○○ 씨에게만 부탁할 수 있는 일입니다!"

"이건 일처리가 깔끔한 ○○ 씨가 아니면 부탁할 수 없는 일입니다!"

이런 식으로 부탁을 하면 상대도 흔쾌히 수락해준다.

덧붙여, 자기실현을 주제로 한 연수교육에서는 이렇게 말하고 있다.

"고객이나 상사, 선배에게 '이건 자네만 할 수 있는 일이야!', '이건 당신이 아니면 아무도 할 수 없는 일이야.'라는 말을 들을 수 있는 사람이 되어야 합니다!"

POINT '이건 나만 할 수 있어!'라는 마음이 들도록 부탁한다.

"당신에게 모두 맡기겠습니다!"

과거에 대기업 임원이나 경영자로 일했던 사람들로부터 이런 말을 들었다.

"이 문제는 저보다 더 잘 알고 계시는 야마기시 씨에게 모두 맡기도록 하지요. 당신이 전문가니까요."

"저보다 훨씬 실적이 좋은 야마기시 씨에게 모든 것을 맡기겠습니다."

이런 식의 말을 들으면 의뢰받은 문제에 대해 나도 모르게 최선을 다하게 된다. '나를 이렇게 신뢰하고 일을 맡겨주다니! 이분을 위해 전력을 다하자.' 하는 마음이 자연스럽게 끓어오르는 것이다.

마음속으로는 이렇게 생각한다.

'사람을 믿는다는 것은 이런 것이구나!'

'사람의 마음을 붙잡는다는 것은 이런 거야!'

그러면서 나도 모르게 "역시! 그래서 이 사람이 성공할 수 있었던 거야!"라고 감탄하게 된다.

그런 경험이 여러 번 있어서 나도 부하 직원들을 대할 때 완전히 믿고 맡긴다는 뜻으로 이렇게 부탁해왔다.

"나보다 이 분야에 대해서는 훨씬 더 잘 알고 있는 ○○ 씨에게 부탁하고 싶어요."

"나보다 이 분야로는 더 탁월한 능력이 있는 ○○ 씨에게 모든 것을 맡길게요."

"나보다 경험이 많은 ○○ 씨에게 맡기겠습니다."

그러자 부하 직원이나 후배들도 내가 기대한 대로 매번 책임을 다해주었다.

하지만 '귀찮아서', '하고 싶지 않아서', '지금 바빠서'라는 이유(동기)로 이 말을 남발하면 상대는 '이번에도 일을 떠넘기려는 거구나.' 하고 받아들일 수 있다. 그래서는 효과를 기대하기 어려우니 주의해야 한다.

덧붙여, 부모와 자녀의 관계가 원만하지 않은 가정에는 부모가 늘 자녀를 '어린아이 취급'하고 있다는 공통점이 있다. 특히 자녀에게 가업을 물려줄 생각이 있는 사람이라면 자녀의 능력을 믿고 모든 것을 맡길 수 있어야 한다.

POINT 모든 것을 믿고 맡김으로써 상대의 의욕을 일깨운다.

"○○ 씨 덕분입니다!"

답례나 감사를 할 때
의욕을 이끌어내고 싶을 때
다음에도 노력해주기를 바랄 때

일에 익숙하지 않은 사회 초년생에게 상사의 한마디는 아무리 사소한 것이어도 무게감 있게 느껴진다. 물론 '칭찬'에도 민감하게 반응한다.

나도 사회 초년생이었던 시절, 선배와 함께 맡은 큰일을 완수했을 때 상사로부터 이런 말을 들은 적이 있다.

"가장 젊은 야마기시 씨 덕분이야!"

"신입 사원에게는 꽃을 안겨 주어야 한다."라는 말이 있는데, 아마 그 상사가 내게 꽃을 안겨주었다는 생각이 든다. 그 정도로 잊을 수 없는 한마디였다.

또 모 기업의 연수를 끝낸 뒤에 이런 말을 들은 적도 있다.

"믿지 않을지 모르겠습니다만 지난번 연수를 받은 ○○ 씨가 지금은 베테랑이 되어 매출에 큰 공헌을 하고 있습니다. 모두 야마기시 씨 덕분입니다!"

"지난번에 연수를 받은 이후에 직원들의 표정이 바뀌었습니다! 모두 최선을 다하고 있지요. 이건 모두 야마기시 씨 덕분입니다!"

이런 말을 듣고 기분이 나쁠 리는 없다. 그래서 나도 모르게 다음과 같은 마음이 든다.

'앞으로도 함께 일하고 싶어!'

'그래. 앞으로도 최선을 다하자!'

따라서 상대가 일을 멋지게 완수했거나 기대한 만큼의 성과를 올렸을 때는 나도 이렇게 말한다.

"이건 모두 ○○ 씨 덕분입니다!"

"○○ 씨 덕분에 무사히 일을 끝낼 수 있었습니다!"

"○○ 씨가 옆에 있어준 덕분입니다!"

이런 식으로 고마운 마음을 정성껏 표현해보자.

POINT 상대를 추켜세우면 일도 원활하게 돌아간다.

"역시 당신답습니다."

자연스럽게 칭찬하고 싶을 때

"선배님은 정말 대단합니다!" 하고 선배를 칭찬할 경우가 있을 것이다. 그런데 "칭찬해주어서 고마워." 하고 순수하게 받아들이는 경우도 있지만 "갑자기 왜 이래? 무슨 속셈이 있는 것 아냐?" 하고 의심을 받는 경우도 있다.

또는 "그렇게 무리해서까지 아부할 필요는 없어."라는 식의 태도를 보여 당황하거나 "그 정도는 당연한 건데, 뭘." 하는 식으로 칭찬을 무색하게 만드는 경우도 있다.

다시 말해서 어떤 경우든 칭찬만 해주면 모두가 좋아하는 것은 아니다.

가령 어떤 여성이 어떤 남성을 칭찬해주었다고 하자. 상대가 갑자기 들떠서 '혹시 내게 호감을 가지고 있나?' 하고 착각을 할 수 있다.

반대로 어떤 남성이 어떤 여성에게 "오늘 정말 멋져 보입니다." 하고 가벼운 마음으로 칭찬해주었는데 '무슨 속셈이야?' 하고 의심이나 오해를 받을 수 있다.

칭찬하는 말이 때로는 상대에게 오해나 의심을 사거나 불신감을 초래하거나 경계심을 가지게 할 수 있다.

그래서 칭찬을 할 때는 "역시 ○○ 씨답습니다."라는 한마디를 권한다. 과장하지 않고 자연스럽게 말해야 한다. 이 한마디는 상대에게 '칭찬을 받고 있다'는 인상을 크게 주지 않기 때문에 '아첨'이나 '아부'로 받아들여지지 않는다.

도리어 '나다움을 확실하게 인정받고 있어!'라는 기분을 느끼게 하기 때문에 그 말을 들은 상대가 미소를 짓거나 속으로 은근히 좋아할 것이다.

따라서 상사나 선배를 칭찬할 때는,

"역시 ○○ 씨답습니다!"

부하 직원이 열심히 노력해서 좋은 성과를 올렸을 때는,

"역시 ○○ 씨답네요!"

회사가 아닌 다른 곳에서 만난 사람일지라도 자연스럽게

칭찬하고 싶다면,

　"마음 씀씀이가 역시 ○○ 씨답습니다!"

　"오늘 그 복장은 역시 ○○ 씨답습니다!"

　이런 식으로 자연스럽게 칭찬을 해보면 어떨까?

POINT 개성을 인정받고 기분 나쁘게 생각하는 사람은 없다.

"그게 당신의 강점입니다."

칭찬을 통해서 능력을 키워주고 싶을 때
장점을 깨닫게 해주고 싶을 때

여러분은 '자신의 강점과 매력'을 확실하게 자각하거나 인식하고 있는가?

이런 질문을 하는 이유는 자신의 강점과 매력을 깨달을 기회가 거의 없기 때문이다. 그래서 고객 서비스에 대한 역할극을 기획하여 실시할 경우에는 '매력을 발견한다', '강점을 발견한다'는 점을 핵심으로 가르친다.

가령 역할극을 모두 함께 감상한 뒤에 주역을 맡은 연수생에게 나는 이렇게 말한다.

"○○ 씨의 목소리는 정말 아름답습니다. 그건 ○○ 씨만 가진 강점입니다!"

"○○ 씨의 말투는 매력적이고 기품이 있습니다. 그거야 말로 당신의 강점입니다!"

"○○ 씨는 눈빛이 매력적이라는 것이 강점입니다! 고객과 시선을 맞추는 시간과 횟수를 늘리면 좋을 것 같습니다!"

"○○ 씨는 안정감이 있습니다. 굳이 말을 많이 하지 않아도 신뢰할 수 있는 분위기가 있습니다. 그것이 강점입니다! 따라서 무리해서 말을 많이 할 필요는 없습니다!"

이런 식으로 다른 연수생들과 함께 강점을 찾고 조언을 해준 뒤, 연수가 끝난 뒤에 감상을 물어보면 다들 이렇게 대답한다.

"저의 강점이 뭔지 알게 되어 정말 기분이 좋습니다!"

"뜻밖의 부분에서 호평을 받고 자신감을 얻었습니다!"

"저의 매력을 좀 더 살린다면 좋은 결과를 낼 수 있겠다는 생각이 들었습니다!"

이처럼 강점에 대한 한마디로 의욕이 향상된다.

POINT 강점을 깨닫게 해주면 의욕이 향상된다.

"건강한 기운이 느껴집니다."

의욕을 느끼게 하고 싶을 때
적극적인 자세를 가지게 하고 싶을 때

　정체원을 처음 방문한 고객의 표정은 대부분 어둡다. 목, 어깨, 허리, 다리… 컨디션이 나쁘니까 당연하다. 하지만 지속적으로 시술을 받는 동안에 컨디션이 점차 나아지면서 표정도 밝아진다.

　"안녕하세요!", "오늘도 잘 부탁합니다!" 목소리에도 힘이 배어 있다. 처음 찾아왔을 때와 비교하면 전혀 다른 사람 같은 느낌이다.

　그래서 아픈 곳이 낫고 컨디션이 호전되는 사람들에게 나는 잊지 않고 한마디를 건넨다.

"○○ 씨 주변에 건강한 기운이 감도는 것이 느껴집니다."

"오늘 ○○ 씨는 건강한 에너지가 넘칩니다."

그렇게 말하면 고객들은 모두 미소를 지으며 다음과 같은 반응을 보인다.

"정말이요?"

"그걸 느끼시겠습니까?"

"다 선생님 덕분이지요!"

그런 뒤에는 더욱 활기를 띤 모습으로 긍정적으로 치료를 받는다.

연수를 진행할 때도 긴장한 연수생들을 향하여 "여러분 덕분에 장내에 활기찬 기운이 넘치고 있습니다."라고 말하면 더욱 적극적인 모습으로 강연에 귀를 기울인다.

나 자신도 비즈니스맨 시절에 상사로부터 이런 한마디를 듣곤 했다.

"요즘 컨디션이 좋아 보이네요!"

"오늘도 활기가 넘치는데요!"

이런 말에 기분이 들떠 더 의욕적으로 행동한 경험이 있다.

따라서 상대의 컨디션이 좋을 때나 기분이 좋을 때, 일이 잘 진행되고 있을 때에는 이런 한마디를 해주도록 하자.

"오늘따라 ○○ 씨의 주변에는 건강한 에너지가 넘치는

것 같습니다."

"요새 무슨 좋은 일이라도 있나요? 주변이 빛이 나는 것 같아요."

그렇게 하면 상대는 더욱 의욕적으로 하루를 보낼 것이다.

POINT 컨디션이 좋을 때일수록 활력이나 의욕을 보인다.

> # "당신이 옆에
> 있는 것만으로…."

감격을 느끼게 하고 싶을 때
신뢰 관계를 구축하고 싶을 때
좀 더 친밀해지고 싶을 때

비즈니스맨 시절에 후배로부터 이런 말을 듣고 기분이 좋았던 기억이 있다.

"야마기시 씨와 이야기를 나누는 것만으로 저도 할 수 있다는 느낌이 듭니다!"

"야마기시 씨가 옆에 있는 것만으로 회의 분위기가 활기차게 바뀝니다!"

"야마기시 씨가 있는 것만으로 자신감이 끓어오릅니다!"

오랜만에 지인을 만났을 때도 비슷한 이야기를 들었다.

"야마기시 씨를 만나는 것만으로 마음이 편안해집니다."

"야마기시 씨와 이야기를 나누는 것만으로 고민이 사라지는 것 같습니다."

이런 말을 들으면 한 턱 내고 싶은 기분까지 든다.

정체원을 이용하는 분들에게도 종종 듣는 말이다.

"선생님과 함께 있는 것만으로 컨디션이 좋아지는 것 같아요. 정말 신기해요."

"선생님의 이야기를 듣고 있는 것만으로 벌써 치료가 된 듯한 느낌이 들어요."

"이곳에 온 것만으로 내일부터는 건강해질 것 같습니다."

이런 말을 들으면 정말 기분이 좋다. 그래서 나도 그 말을 고객들에게 똑같이 되돌려준다.

"○○ 씨의 문자를 받는 것만으로 힘이 납니다!"

"○○ 씨가 찾아와주시는 것만으로 이미 대만족입니다!"

"○○ 씨의 웃는 얼굴을 보는 것만으로 저는 마음이 편해집니다!"

또 연인이나 남편이나 아내에게 이런 말을 들어도 기분이 좋을 것이다.

"당신이 옆에 있는 것만으로 마음이 놓여!"

"당신이 옆에 있는 것만으로 나는 충분히 행복해."

"당신과 함께 있는 것만으로 왠지 마음이 편해."

여러분도 "당신이 옆에 있는 것만으로…."라는 화법을 적극 이용해서 상대를 감격시켜주길 바란다.

POINT '존재 자체를 칭찬한다'는 것은 상대의 자존심을 높여주는 정말 멋진 칭찬 방법이다.

"당신은 존재만으로
큰 공헌을 하고 있습니다."

자기혐오에서 벗어나게 해주고 싶을 때
웃는 얼굴을 되찾아주고 싶을 때

용모도 같고, 가치관도 같고, 기호도 같고, 사고방식도 같고, 학력도 같고…. 모두가 똑같은 사람들만으로 이루어진 세상에서 살고 있다고 가정해보자. 그런 세상에서 사람이 성장할 수 있을까? 그런 일은 없을 것이다. 모든 것이 똑같아서는 자극을 받을 수 없기 때문이다.

사람은 다양한 차이가 존재하기 때문에 진보하고 향상될 수 있다. 즉, 여러분은 존재하는 것만으로 인류의 진보와 향상에 이미 공헌하고 있는 것이라고 해도 과언이 아니다. 이 말을 믿는다면 쓸데없는 고민이 사라질 것이다.

그래서 대인관계 때문에 고민하거나 자기혐오에 빠지거나 의기소침해 있는 사람을 격려할 때에는 이렇게 말한다.

"당신이 존재하는 것만으로 직원들의 성장에 큰 공헌을 하고 있습니다!"

"○○ 씨가 참가한 것만으로 회의에 충분히 공헌하고 있는 것입니다!"

"○○ 씨는 본인이 생각하는 것 이상으로 회사에 공헌하고 있는 것입니다!"

이런 식으로 존재 자체를 인정해주는 한마디를 이용하여 인간관계에 활기를 불어넣을 수 있다.

POINT 존재하는 모든 것들에 나름의 의미와 가치가 있다는 사실을 깨닫게 한다.

상대를 칭찬할 때
상대를 인정해줄 때

"혼자 생활하고 있으니까 역시 외식이 많겠지요?"

어느 날 직장 선배로부터 갑자기 이런 질문을 받고 나는 다음처럼 대답했다.

"가능하면 자취를 하려고 노력하고 있습니다."

그러자 선배가 감탄조로 말했다.

"그래요? 정말 대단합니다!"

그 말을 듣고 기분이 좋아졌다.

"오늘은 야마기시 씨가 맨 먼저 출근한 겁니까?"

상사의 질문에 고개를 끄덕이며 대답했다.

"네. 회의 준비할 게 있어서요."

그러자 상사가 한마디를 했다.

"그래요? 정말 대단한데요!"

이때도 역시 기분이 좋았다.

"대단합니다!"뿐만 아니라 "잘했어요!", "편안한 마음으로 기다릴 테니까 잘해봐요!(웃음)", "오늘도 파이팅!", "컨디션이 좋아 보이는데요!", (머리카락을 짧게 깎은 모습을 보고) "멋져요! 시원해 보여서 좋아요!" 등도 좋다.

이런 식으로 사회인으로서 첫걸음을 내디뎠을 때에는 선배나 상사로부터 힘이 나는 좋은 말들을 많이 들었다. 돌이켜보면 모두가 그리운 추억들이다. 나는 정말 좋은 선배와 상사를 만났었다.

물론 때로는 '뭘 이렇게 허풍스럽게 말할까?'라는 느낌이 든 적도 있었다. 하지만 지금 되돌아보면 많은 도움을 받았다는 감사의 마음만 남아 있다.

감사의 마음은 나중에 찾아온다.

정말 많은 말들을 들었지만 생각해보면 '말의 의미'가 기뻤다기보다는 젊고 미숙한 나에게 '항상 관심을 보여주었다'는 점이 기뻤다고 말할 수 있다.

요즘은 상사와 부하 직원의 관계도 예전과 달리 냉정해지고 메말랐다고 한다. 그러나 "대단해요!"라는 한마디를 비롯해서 부하 직원이나 후배에게 '관심을 보여주는 한마디'를 해줄 수 있다면 인간관계는 더욱 돈독해질 것이다.

POINT 상대의 사소한 변화를 놓치지 않고 말로 표현해본다.

"이분은 사실 ○○입니다."

부하 직원과 함께 어느 연회장에서 명함을 교환하고 있는데 옆에 있던 부하 직원이 나에 대해 "야마기시 씨는 최근에 ○○를 하셨습니다!"라고 나를 대신해서 한마디 해주었다. 그러자 상대가 "아, 그래요? 대단하십니다!"라고 말했다.

솔직히 부하 직원의 자연스러운 한마디가 정말 고맙게 느껴졌다. 자화자찬을 할 수는 없기 때문이다. 그래서 누구나 자화자찬은 최대한 삼간다. 자화자찬이 지나치면 상대에게 좋은 인상을 주기 어렵다. 그러나 다른 사람의 입을 통해서 나오는 칭찬은 상대에게 믿음을 줄 뿐 아니라 자화자찬에 해당하지도 않는다.

그래서 나도 부하 직원이나 친구를 소개할 때에는 본인을 대신해서 한마디를 덧붙인다.

"그는 사내에서 ○○로 유명한 사람입니다."

"사실 ○○로 그녀보다 우수한 사람은 없습니다!"

"그의 본가는 그 유명한 ○○입니다!"

이렇게 본인을 대신해서 조금만 추켜세워주면 정말 기뻐한다.

POINT 상대의 마음을 재빨리 살피고 대변해주는 행위가 당신의 주가를 올려준다.

"어떤 인생을 살아야 그게 가능합니까?"

존경하는 마음을 표현하고 싶을 때
상대의 인생에서 배움을 얻고 싶을 때

멋진 그림을 감상하다 보면 이런 의문이 든다.

"대체 어떤 인생을 살면 이런 그림을 그릴 수 있을까?"

음악을 감상할 때도 역시 이런 의문이 든다.

"대체 어떤 인생을 살면 이런 곡을 만들 수 있을까?"

그래서 화가의 생애에 주목해보거나 작곡가의 인생을 조사해볼 때도 있다. 그럴 경우, 파란만장한 인생이나 가혹한 생애, 처절한 삶을 확인하게 되면서 그 '작품' 이상으로 진한 감동을 받는 경우가 많다.

그래서 상대를 좀 더 알고 싶거나 깊이 이해하고 싶다는 생각이 들 때는 이런 식으로 질문을 했다.

"어떤 인생을 살면 이런 걸 할 수 있습니까?"

"어떤 인생을 살면 그런 놀라운 말을 할 수 있습니까?"

특히 경영자를 상대로 영업하는 분들에게 이런 질문을 권하고 싶다. 풍부한 인생 경험을 가지고 있는 사람들은 은근히 '나 자신의 인생 궤적에 관하여 말하고 싶다.'라는 바람이 있기 때문이다.

따라서 존경하는 마음을 담아 이 질문을 하면 마치 물 만난 고기처럼 기꺼이 많은 이야기를 해줄 것이다. 그로 인하여 사이가 돈독해진다는 것은 굳이 말할 필요도 없다.

우리는 눈에 보이는 '결과(현재)'에 얽매이기 쉽지만 그 결과에 이르게 된 배경(걸어온 인생)에도 시선을 주면 상대를 보다 깊이 이해할 수 있다.

POINT 지금의 결과에 이르게 된 배경에도 관심을 가진다.

"○○하는 것만으로 훨씬 좋아질 것입니다."

상대가 행동을 개선하기를 바랄 때
지적을 순수하게 받아들여주기를 바랄 때

"그건 안 되지!", "이게 뭐야!", "빨리 좀 해!" 등등, 지도자나 리더는 어쩔 수 없이 조직원을 비판해야 할 때가 있다. 단, 상대가 그것을 받아들이는가 하는 문제는 그 지도자나 리더의 캐릭터에 따라 좌우된다. 즉, 비판이 자칫 역효과나 반발을 부르는 경우도 있는 것이다.

따라서 이런 식으로 지도하는 것이 바람직하다.

"○○를 ○○로 바꾸면 더 나아지지 않을까?"

"○○를 추가하는 것만으로 더 좋아질 것 같은데."

이렇게 말하면 상대는 위축되지 않고 지도자의 말을 순수하게 받아들일 수 있다. 그래서 나도 역할극을 하기 전에 연수생들에게 이런 이야기를 한다.

"이제 각자 역할극을 할 텐데 서로 개선해야 할 점이 무엇인지 찾아보도록 하십시오. 역할극을 종료하면 여러분에게 그 사람이 개선해야 할 점이 무엇인지 물어보겠습니다. 그때 'ㅇㅇ가 부족합니다!', 'ㅇㅇ가 문제가 있습니다!'가 아니라, 'ㅇㅇ를 개선하면 좀 더 좋을 것 같습니다!', 'ㅇㅇ를 바꾸면 좀 더 매력적으로 보일 것 같습니다!', 이런 식으로 전향적이고 긍정적인 조언을 해주십시오!"

그 결과, 역할극이 끝나면 모두 한목소리로 말한다.

"제가 미처 깨닫지 못했던 점을 깨달았습니다!"

"앞으로 제가 해야 할 일이 뭔지 알았습니다!"

"목표를 발견했습니다."

이렇게 모든 사람이 자신의 부족한 점을 깨닫고, 적극적으로 개선의 의지를 보여준다.

POINT 약간만 바꾸면 훨씬 좋아질 것이라고 조언을 한다.

"당신의 그런 점이 정말 좋습니다."

강한 인상을 심어주고 싶을 때
칭찬해주고 싶을 때
의욕을 갖게 하고 싶을 때
고백하고 싶을 때

초등학생 시절에 들은 "선생님은 야마기시의 그런 점이 정말 좋단다."라는 한마디가 지금도 잊히지 않는다. 아마 영원히 가슴에 남아 있을 것이다. 이것이 "선생님은 야마기시가 좋아."라는 막연한 말이었다면 아마 지금까지 기억에 남아 있지는 않았을 것이다.

그래서 나도 회사에서 부하 직원이나 후배들에게 그런 한마디를 자주 사용하곤 했다.

따뜻한 행동, 인간미가 느껴지는 행동을 했을 경우,

"나는 ○○ 씨의 그런 인간미가 정말 좋아!"

필사적으로 노력하고 있는 모습을 보면,

"나는 ○○ 씨의 그런 노력이 정말 좋아!"

솔직하고 정직한 모습을 보면,

"나는 ○○ 씨의 그런 정직함이 정말 좋아!"

또 상사나 선배, 고객에 대해서는,

"저는 ○○ 씨의 그런 점을 정말 존경합니다!"

"저는 ○○ 씨의 그런 점을 본받아야 한다고 생각합니다!"

"저는 ○○ 씨의 그런 점이 정말 멋지다고 생각합니다!"

이렇게 말을 약간씩 바꾸어가며 사용해왔다.

상대에게 강렬한 인상을 심어주고 싶은 사람이라면 이 말을 한번 시도해보는 것도 좋을 것이다. 언제까지나 상대의 마음속에 남는 한마디가 될 것이다.

접객과 영업을 담당했을 때도 비슷한 경험이 있다. 서비스를 받고 크게 기뻐해주는 여성 고객을 만나면 진심을 담아 말했다.

"고객님의 그 환한 얼굴이 정말 기분 좋습니다!"

그러자 상대가 진지한 표정으로 "고마워요! 저도 그렇게 말씀해주시는 야마기시 씨가 정말 좋아요!"라고 말해주어서 깜짝 놀랐다.

따라서 호감을 가진 사람에게 '고백'할 마음을 가진 사람이라면 막연하게 "당신을 좋아합니다!"라고 말하는 것보다 "당신의 ○○가 정말 마음에 듭니다."라고 말하는 쪽이 상대를 더 기쁘게 할 것이다.

POINT 상대의 소유물, 지위보다 행동이나 태도 등에 공감하는 한 마디로 상대의 마음을 녹인다.

문제를 확대시키고 싶지 않을 때

때로는 예상하지 못한 상황에서 상대로부터 지적을 받거나 비판을 받기도 한다. 그래서 "하지만…", "그래도…"라는 식으로 즉시 반론을 펴면, '타오르는 불에 기름을 끼얹는 결과'가 나올 수도 있다. 그 말(태도)이 불필요하게 상대의 신경을 자극하기 때문이다.

예를 들어 세일즈 프로모션 현장에서는 고객으로부터 불평이 직접적으로 들어오는 경우가 많다.

"왜 앞의 손님과 서비스가 다르죠?"

"아까 그 손님은 ○○였잖아요! 그런데 나는 왜 다른지 말해주세요."

특히 타임세일을 할 때에는 서비스 내용을 모르는 상태에서 참가하는 경우도 있기 때문에 고객에게 '오해'를 사는 경우가 적지 않다. 그래서 고객의 오해를 풀어드리려고 설명을 하지만 오히려 고객의 신경을 건드리기만 할 뿐, 전혀 대화가 되지 않았던 경험이 많다.

하지만 매장에서 발생하는 고객의 불만은 즉시 해결해야 한다. 그런 고객이 한 명만 있어도 매장 분위기가 험악해져서 주변에 모여든 다른 고객의 구매 의욕까지 떨어뜨리기 때문이다.

그래서 나는 일단 재빨리 공감을 해준다.

"네, 고객님 말씀이 맞습니다!"

"듣고 보니 고객님 말씀이 맞는 것 같습니다!"

이런 식으로 일단 공감을 먼저 해주면 고객의 거친 목소리가 차츰 가라앉는다. 흥분이 가라앉으면 내 이야기에도 귀를 기울여주기 때문에 그 이후에 설명을 한다.

POINT 우선 공감하고 이해하는 모습부터 보여준다.

"좀 더 자신을 믿으십시오!"

자립심을 갖기를 바랄 때
주체성을 가지고 판단하고 행동하기를 바랄 때

"사람은 무의식중에 마음에 드는 것을 선택한다!"

이 사실을 깨닫도록 하기 위해 연수교육 현장에서 "직접 만든 요리와 인스턴트 요리 중에서 어느 쪽을 먹고 싶습니까?"라는 질문을 던지면 연수생들은 깊이 생각하지도 않고 무의식중에 "직접 만든 요리이지요."라고 대답한다.

예를 들어, 자살, 폭력, 차별, 전쟁, 환경오염… 이런 상황들이 '나쁘다', '비정상적이다'는 것은 순간적으로 이해한다. 굳이 이해하기 위해 머리를 쓰지 않아도 순간적으로 판별이 가능한 것이다.

우리에게는 이런 직감적인 능력이 갖추어져 있다. 그 직감에 충실하다면 그 상황에서 무엇을 해야 할 것인지 굳이 오래 생각할 필요가 없다.

그래서 특히 젊은 사람들에게 나는 "좀 더 자신을 믿으십시오!"라고 말해준다. '남들이 어떻게 생각할까'보다 자신의 직감에 묻고 답을 찾을 수 있어야 한다.

영화배우 이소룡은 "생각하지 마라! 느껴라!"라는 말을 남겼는데, 이는 즉각적인 판단과 행동이 필요할 때일수록 머리로 생각할 여유가 없음을 말해준다.

한편 부하 직원이나 친구 등의 인생 상담을 해줄 때면 그 주제가 무거울수록 답변하기 어려운 게 사실이다. 단 한마디가 상대의 인생을 크게 좌우할 수 있기 때문이다. 그런 생각을 하면 책임이 정말 막중하게 느껴진다.

따라서 나는 가능하면 본인 스스로 그 해답을 찾도록 말해준다.

"어떻게 해야 좋겠냐고? 그건 너의 마음에 물어보면 저절로 답이 나오는 거 아냐?"

"어떻게 해야겠냐고? 네 마음에 물어보면 저절로 답이 나올 거야."

애당초 인간은 막다른 골목까지 몰리면 의지할 수 있는 것은 '자신'밖에 없다! 우리는 '자신'을 좀 더 믿고 의지할 필요가 있다.

POINT 직감을 믿고 행동하도록 말해준다.

_____ **Chapter 3.**

설득력이 있는 한마디

✕

내가 원하는 답변이 돌아온다

_____

"○○의 공통점이 무언지 아십니까?"

흥미와 관심을 가지기를 바랄 때
상대를 설득하고 싶을 때
상대가 깨닫기를 바랄 때

상사라고 모든 일에 명령만 내려서는 언젠가 반발을 사게 되고 부하 직원의 주체성도 길러줄 수 없다. 그래서 나는 부하 직원, 후배, 연수생들을 지도할 때에는 일단 '깨닫게 하는 자세'에 신경을 쓴다.

예를 들어 "프로가 되고 싶으면 철저하게 자기 관리를 해야 합니다."라고 하면 '뭐야, 그건 당연한 말이잖아!'라고 받아들일 것이다. 그래서 "○○ 씨는 프로의 공통점이 무엇인지 알고 있습니까? 자기 관리가 철저하다는 것입니다!"라는 식으로 말한다. 그렇게 하면 상대도 반발하지 않고 '그래. 맞는 말이야.' 하고 납득한다.

또 "고객에게 감동을 주려면 좀 더 진심으로 대하세요!"라는 말을, "고객에게 감동을 주는 사람들의 공통점이 무엇인지 알고 있습니까? 머리보다 마음에 더 신경을 쓴다는 것입니다!"라고 말하면 상대도 공감을 하고 깊이 이해한다.

정체원을 운영하면서 고객들에게 "약에는 반드시 부작용이 있습니다. 약에 의존하는 한, 정말로 건강하다고 말하기는 어렵습니다. 건강하기를 원한다면 의사와 상담을 해서 약에 대한 의존도를 줄일 수 있도록 노력하십시오!"라고 조언을 해주었는데, 대체로 고객들은 그 말을 진지하게 받아들이지 않았다.

그래서 이런 식으로 바꾸어보았다.

"지금까지 1,000명 이상의 고객에게 시술을 해왔는데 약을 상용하시는 분들의 공통점이 무엇인지 알고 계십니까? 자율신경이 흐트러져 있거나 근육을 이완시키거나 긴장시키는 일을 제대로 하지 못하는 분들이 많다는 것입니다. 또 시술에 의해 몸이 부드러워져도 원래 상태로 되돌아가버리는 속도가 매우 빠르다는 점이지요. 그러니까 가능하면 복용하는 약을 줄이도록 노력하는 것이 좋습니다!"

이렇게 말했더니 모두 진지하게 귀를 기울였고, 본격적으로 체질 개선을 위해 노력하기 시작했다. 따라서 자신의 이야기를 진지하게 받아들여주기를 바랄 때에는 "○○의 공통점이 무언지 아십니까?"라는 한마디로 먼저 상대가 '귀를 기울일 수 있도록' 만드는 게 중요하다.

POINT 상상력을 자극한 뒤 본격적인 설명으로 들어간다.

마음을 열게 하고 싶을 때
흥미나 관심을 갖기를 바랄 때

고객을 상대하는 도중에 점차 고객의 표정이나 태도가 굳어진다면, 이야기를 계속 이어나가도 기대한 만큼의 결과가 나오기 어렵다.

그래서 현장에서 직접 상품 판매를 했을 때는 이런 식으로 묻기도 했다.

"혹시 '정말 그럴까?'라고 생각하지 않으십니까?"

"혹시 '굳이 오늘 구입할 필요는 없어.'라고 생각하지 않으십니까?"

"혹시 '이 상품은 그다지 효과가 없어 보여.'라고 생각하지 않으십니까?"

상대가 생각하고 있는 것을 내가 소리 내어 말로 표현해준 것이다. 그러면 사람들은 닫으려던 마음을 조금씩 열어준다. 마음속에 있는 감정을 말로 표현해주면 '내 마음을 이해하고 있구나.' 하고 긍정적으로 받아들이는 것이다.

그래서 연수교육할 때에도 "여러분의 마음이 다 보입니다!", "여러분의 마음은 충분히 이해합니다!"라는 뜻을 전하기 위해 "혹시 ○○라고 생각하지 않으십니까?", "지금 ○○라고 생각하시지요?"라는 식으로 연수생들의 마음을 말로 표현하면서 강연을 진행한다. 그렇게 하면 서로 마음이 통하는 강연을 할 수 있다.

눈에 보이지 않는 상대의 마음을 상상하고 말로 표현해보자. 그렇게 하면 상대를 웃게 하거나 다양한 효과를 기대할 수 있다.

POINT 상대의 마음을 말로 표현하며 대화를 진행한다.

"그건 제가 담당하니까 안심하십시오!"

상대를 안심시키고 싶을 때
불안감을 떨치게 하고 싶을 때
신용을 얻고 싶을 때

과거에는 고객 문의가 들어오면 "○○ 소속 담당자 ○○라고 합니다!"라고 확실하게 자신의 소속 부서나 이름을 알리는 것이 상식이었다. 하지만 지금은 소속 부서나 자신의 이름을 밝히지 않는 경우가 많다.

그래서 "어떤 부서입니까?", "실례지만 성함이 어떻게 되십니까?", "담당자는 누구입니까?"라고 질문을 해도 "그건 말씀드릴 수 없습니다."라는 식으로 거절한다. 본인이나 회사 입장에서 불편한 문제일수록 그런 대응이 눈에 띈다. 물론 '위기관리 대책의 일환'으로, 또 '사생활 보호' 측면에서 그런 대응을 할 수도 있다. 하지만 상대는 어떤 기분이 들까?

아마 그 회사의 제품이나 서비스는 두 번 다시 이용하고 싶지 않을 것이다. 그리고 틀림없이 주변 사람들에게도 그 말을 전할 것이다.

그래서 나는 고객의 불만이나 불편한 질문에 대해서는 "거북한 내용일수록 피하거나 감추지 말고 당당하고 성실한 대응을 하라."고 지도해왔다. 그리고 어떤 경우라도 소속 부서나 이름 정도는 분명하게 밝히도록 했다.

"○○는 제가 담당하고 있으니까 안심하십시오!"

"담당자 ○○라고 합니다. 불편한 점이 있으면 무엇이든 편하게 말씀하십시오!"

이런 식으로 분명하게 소속과 이름을 밝히면 당신에 대한 평가와 신뢰는 당연히 높아지고, 당신이 속한 조직이나 단체, 기업에 대한 평판까지 높아진다. 반대로 자신이 소속되어 있는 부서나 자신의 이름을 확실하게 밝히지도 못하는 환경이라면 무슨 일을 제대로 할 수 있을까?

POINT 자신을 드러내 보이지 않으면 신용은 얻을 수 없다.

"○○는 ○○라고 말했습니다!"

**흥미나 관심을 끌고 싶을 때
상대를 설득하고 싶을 때
귀를 기울여주기를 바랄 때**

책을 광고하기 위해 출판사에서는 흔히 '띠지'라는 것을 이용한다. 띠지는 표지와는 다른, 마치 '복대'처럼 책의 하단부를 감싼 것이다. 나는 지금까지 몇 권의 책을 출판했는데, 그 띠지에 넣을 문구와 관련해서 이런 제안을 받은 적이 있다.

"지금 화제가 되고 있는 ○○ 씨에게 추천사를 받아서 띠지에 실을까요?"

"유명한 ○○ 씨의 메시지를 싣는 게 어떻겠습니까?"

"○○ 씨의 말을 띠지에 실으면 서점에서 큰 주목을 받을 수 있을 것입니다!"

그러나 나는 모두 거절했다. 왜냐하면 사람은 잘나갈 때도 있지만 그렇지 않을 때도 있기 때문이다. 당연하다. 지위, 명성, 인기, 평가는 마치 주식의 주가처럼 등락이 심한 것이기 때문에 반드시 '반동'이 발생한다. 그것을 '리듬'이라고 표현할 수도 있다.

인생에는 리듬이 있다. 하늘을 나는 새도 떨어뜨릴 수 있는 기세를 가지고 있던 사람이 불상사를 일으키거나, 유명인사가 세상을 시끄럽게 만드는 문제를 일으키거나, 최고의 인기를 구가하던 사람이 심각한 스캔들에 휩싸이거나, 예상하지 못한 문제 때문에 나락으로 추락하기도 한다. 그런 예는 수없이 많다.

그래서 가능하면 나는 이미 세상을 떠난 분들에게 '도움'을 받는다. 예를 들어 친구와의 대화나 부하 직원, 후배를 지도할 때, 또는 연수교육을 할 때 이런 식의 인용을 한다.

"물리학자 아인슈타인도 ○○라고 말했습니다!"

"《폭풍의 언덕》으로 유명한 에밀리 브론테도 ○○라는 말을 남겼습니다!"

"작가 요시카와 에이지吉川英治는 《나 이외에는 모두가 스승》이라는 책에서 ○○라고 말했습니다!"

"그 유명한 셰익스피어도 ○○라고 말했습니다!"

여러분도 자신의 화제에 흥미나 관심을 불러일으키고 싶거나 상대를 납득시키거나 설득력을 높이고 싶을 때에는 위인들의 도움을 받아보길 권한다. 그들이 한 말들 중에는 훌륭하고 멋진 말이 정말 많다.

POINT 검증받은 위인의 말이 신뢰감을 더해준다.

"어떻게 하시겠습니까?"

상대의 결단을 재촉할 때

접객이나 영업을 마무리할 때 '뭔가 특별한 결정타가 있
는 것은 아닐까?' 하고 생각하기 쉽지만, 좋은 결과를 이끌어
내는 사람들의 결정타는 사실 매우 단순하다.

내가 초창기 연수교육을 열심히 홍보하러 다닐 때다. 나
는 기업을 방문하기 전에 늘 그 회사의 점포와 현장을 관찰
하고 조사한 뒤에 책임자를 찾아갔다. 그리고 연수교육에 관
해 한 차례 설명을 하고 마지막으로 지금까지 진행했던 '연
수생 설문 조사'를 보여준다.

그것을 책임자가 모두 읽으면 마지막으로 한마디를 붙인다.

"어떻게 하시겠습니까?"

그럴 경우, 대부분 망설이지 않고 연수를 의뢰한다. 상대의 결단을 앞당기는 한마디 때문이다.

지금은 정체원도 운영하고 있는데, 재방문을 해오는 비율이 90% 이상이다. 치료를 받으라고 무리하게 강요(광고, 자기선전)하고 있는 것은 아니다.

시술이 끝나면 그냥 한마디를 덧붙인다.

"다음 예약은 어떻게 하시겠습니까?"

그럴 경우, 대부분 망설이지 않고 예약을 한다.

"어떻게 하시겠습니까?"라는 한마디에 강력한 설득력이 감추어져 있는 것은 아니다. 그러나 자랑은 아니지만 '반드시 만족했을 거야. 나의 시술을 충분히 납득했을 거야.'라는 확신이 있으면 그 한마디만으로도 충분하다.

지금까지의 경험을 돌이켜보면, 무리해서 판매한 것은 결과적으로 바람직한 성과와 연결되지 않았다. 시술도 그렇다. '이렇게 하면 반드시 건강해질 수 있다!'는 확신을 가지고 시술을 받는 사람과, '과연 좋아질까?' 하며 의문을 품고 시술을 받는 사람은 건강을 회복하는 확률로 볼 때 선명한 차이가 있다.

신기한 일이지만 사실이다. 어쨌든 마지막에 '결정권을 상대에게 맡기는 한마디'를 염두에 두고 있으면 자신감이 넘치는 사람으로 받아들여지고, 긍정적인 답변이 돌아올 확률이 매우 높다.

POINT 의사 결정을 상대에게 맡기고 '자신이 있다'는 마음을 당당하게 연출해본다.

"제 경험에서 나온
하나의 결론입니다."

**설득하고 싶을 때
납득하기를 바랄 때**

접객, 영업에 종사하는 사람들은 직업상 '설득력'에 대한 관심이 매우 높다. 그래서 나는 참고 삼아 다음과 같은 표현을 의식적으로 사용한다.

"어떻게 할 것인가 하는 문제는 ○○ 씨가 결정해야 하지만, 이것은 어디까지나 그 분야를 오래 연구해온 경험에서 이끌어낸 제 결론입니다."

"무엇을 선택할 것인가 하는 것은 ○○ 씨의 자유지만, 이것은 실제로 ○○의 체험에 바탕을 두고 이끌어낸 하나의 결론입니다."

"결단을 어떻게 내릴 것인가 하는 것은 ○○ 씨가 선택할 문제지만, 이것은 제가 실제로 ○○를 시도해본 결과, 이끌어낸 하나의 결론입니다."

강하게 밀어붙일수록 상대는 마음의 장벽을 만들고 뒤로 숨으려 한다. 최근에는 불성실한 행위로 인한 사건, 사고, 문제들이 빈번하기 때문에 불신감이 더욱 강해졌다.

일단 상대의 의사를 존중하고 결정권은 어디까지나 자기 자신에게 있다는 점을 인식하게 하여 '안도감'을 주어야 한다. 그리고 '나의 경험이나 체험에 바탕을 두고 설명한다'는 점을 확신 있게 전한다면 상대는 당신이 기대한 대로 판단을 내려줄 것이다.

POINT "경험자는 진실을 말한다."라는 사실을 주지시킨다.

"제게 맡겨주십시오!"

일이나 바람을 받아들여주기를 바랄 때

상사나 선배로부터의 지시는 일단 무조건 받아들이는 것이 일반적인데 부하 직원이 먼저 "제게 맡겨주십시오!"라고 말하면 정말 믿음직스럽고 감격스럽다.

따라서 상사나 선배가 일을 맡기면 때로는 가슴을 펴고 "제게 맡겨주십시오!"라고 말하도록 하자. 그렇게 하면 상사나 선배가 당신을 보는 눈도 분명히 바뀐다.

반대로 상사나 선배의 입장이라면 이런 말로 응원을 해주는 것이 바람직할 것이다.

"나도 도울 테니까 너무 걱정하지 마!"

"내가 옆에 있으니까 함께 최선을 다해보자고!"

이런 식으로 말하면 부하 직원이나 후배가 당신을 바라보는 시선도 바뀔 것이다.

일에 미숙했던 시절의 나도 그런 말을 듣고 더욱 최선을 다할 수 있었다.

POINT 지시를 내릴 때나 일을 맡을 때야말로 자신을 어필할 수 있는 최고의 기회다.

"그건 ○○ 씨의 인생이지요!"

스스로 결정을 내리기를 바랄 때
자신과 진지하게 마주하기를 바랄 때

좀처럼 결정을 내리지 못해서 망설이고 있는 사람에게 어떤 말을 해주면 좋을까?

"이건 제 인생이 아닙니다. ○○ 씨의 인생이지요!"

결단을 빨리 내리지 못하고 계속 주저하거나 회피하려는 사람에게도 말한다.

"이건 제 인생이 아닙니다. ○○ 씨의 인생이잖아요!"

고민에 잠겨 스스로 판단을 내리지 못하고 타인을 의존하려는 사람에게도 이렇게 말한다.

"이건 제 인생이 아닙니다. ○○ 씨의 인생입니다!"

진지하게 자신의 인생과 맞서도록 하기 위해 냉정한 인상을 심어줄 수도 있다는 각오로 이 한마디를 건네는 것이다. 그러면 지금까지 타성에 휘둘려 고민하고 있던 상대도 스스로 결정을 내리는 식으로 점차 바뀌어간다.

사실 모든 일에 수동적이어서는 본인에게 아무런 도움이 되지 않는다.

상대가 결정 사항을 수정하기 바랄 때도,

"정말 그렇게 해도 괜찮겠습니까? 이건 ○○ 씨의 인생입니다!"

어디까지가 상대의 진심인지 확인하고 싶을 때도,

"정말 괜찮겠습니까? ○○ 씨의 인생이니까 신중하게 잘 판단하십시오!"

상대의 사고방식이 개선되기를 바랄 때도,

"○○하는 것이 낫지 않을까요. ○○ 씨의 인생이니까 신중하게 생각하십시오!"

이런 식으로 '자신의 인생이다'라는 점을 강하게 인식하게 하면 순간적인 판단이나 성급한 행동에 제동이 걸린다.

덧붙여, 정체원을 처음 방문하는 고객에게는 이런 식으로 말하고 있다.

"빨리 회복되기를 원하시면 매주 2회는 치료받으시는 것이 이상적입니다."

하지만 각자의 상황과 예산이 있기 때문에 결코 무리하게 강요하지는 않는다.

"이건 저의 인생이 아니라 ○○ 씨의 인생이니까 선택은 당신이 하십시오!"

그렇게 하면 고객도 진지하게 받아들이고 스스로 결정을 내린다.

POINT '자신의 인생'이라는 점을 진지하게 받아들이도록 이끈다.

"왜 이럴까요?
사실은 ○○이기 때문입니다!"

**비즈니스 상담이나 프레젠테이션에서
상대를 납득시키고 싶을 때**

"지금이 구입하기 좋은 절호의 기회입니다!"

"이 상품은 ○○가 정말 우수합니다!"

"우리 회사의 ○○는 어디에 내놓아도 뒤지지 않습니다."

이런 식으로 상품이나 서비스를 설명할 때 강점과 이점만을 다룬다고 끝이 아니다. 고객은 항상 "왜?"라는 의문을 품고 있기 때문이다.

"왜 그렇게 가격이 싼(비싼) 건데?"

"왜 이 상품(서비스)을 권하는 건데?"

"왜 이런 식(특징, 구조)으로 만들었는데?"

이런 '왜?', '어째서?'라는 의문을 해소시켜주지 않으면 고객은 내 설명을 진실이라고 받아들이지 않는다. 그렇기 때문에 접객이나 영업을 하던 시절에는 고객의 '왜?'라는 의문에 답변할 수 있는, 자문자답 스타일의 화법을 구사하려고 노력했다.

"어떻게 이런 서비스를 할 수 있을까요? 사실 악천후 때문에 고객이 너무 줄어들었기 때문입니다! 그렇기 때문에 지금이 기회입니다!"

"왜 많은 상품 중에서 이것이 최고로 좋은 상품일까요? 그것은 자외선차단제, 기초화장품, 화장수, 에센스가 일체로 되어 있어서 정말 간단하게 피부를 관리할 수 있기 때문입니다. 지금까지와는 달리 시간과 경비를 확실하게 절감할 수 있습니다!"

"왜 이런 식으로 개량했을까요? 그것은 케이스 때문에 불편하다는 고객들의 말을 반영했기 때문입니다!"

"왜 고객들이 이 제품에 관심을 보일까요? 날씨가 쌀쌀해지면 피부가 거칠어지기 때문이 아니겠습니까?"

이런 식으로 고객이 생각할 수 있다고 여겨지는 의문에 대해 자문자답 형식으로 이유와 동기를 확실하게 설명해주면 고객도 내 설명을 쉽게 납득한다. 특히 영업 현장에서는 자문자답 형식을 이용한 한마디로 상대를 리드하는 방식이 큰 도움이 된다. 물론 이것은 프레젠테이션이나 상사에게 보고를 할 때도 효과적이다.

POINT 상대가 생각할 수 있는 의문을 자문자답 형식으로 설명하며 진행한다.

"상대의
동기에 주목하십시오!"

깊은 사고력을 갖추게 하고 싶을 때
사람을 보는 눈을 기르게 해주고 싶을 때

자녀가 주방을 엉망으로 흐트러뜨렸다고 해도 "엄마 생일 이라 케이크를 직접 만들어 기쁘게 해주려고 그랬어요."라는 동기에서였다면 야단을 칠 수 없다.

회의에 늦어서 피해를 끼쳤다고 하자.

"출근하는데 교통사고를 당한 사람이 있어서 도와주느라 늦었습니다."

이런 이유라면 꾸짖기는 어렵다.

그러나 '동기'는 눈에 보이지 않는다. 그렇기 때문에 상대 의 동기 또한 쉽게 믿지 않는다. 그럼에도 올바르게 이해하거나 판단을 내리려면 동기를 먼저 들여다봐야 한다.

따라서 "상대의 동기에 주목하십시오!"라는 한마디를 빼 놓을 수 없다.

우리는 항상 동기에 주목해야 한다. 사실은 감사해야 하 는데 불만을 품거나, 사실은 기뻐해야 하는데 슬퍼하거나, 사실은 존경해야 하는데 원망하거나…. 그런 경우가 적지 않 기 때문이다. 상대의 동기를 정확하게 간파할 수 있다면 그 런 '오해'는 반드시 줄어들 것이다.

반대로 상대의 행위에 대해 맹목적으로 추종하는 사람에 게는 "상대의 동기는 무엇일까요? 동기가 불순하다면 미리 대비해야 합니다!"라고 충고해주고 있다.

POINT 본질을 오해하지 않도록 상대의 동기에 주목하게 한다.

"저라면 이렇게 하겠습니다."

부드럽게 지도하고 싶을 때

승진을 해서 직함이 생기고 부하 직원이 생기면 정말 기쁘다. "출세는 바라지 않습니다."라고 말했던 후배가 승진을 해서 좋아하는 모습을 볼 때마다 그런 생각이 든다.

한편 지위가 높아지거나 직함이 생기면 당연히 부하 직원을 상대로 지시를 내려야 하는 입장에 놓인다.

"○○ 씨, 이것 좀 해줘요!"

"○○ 씨, 그건 똑바로 해야죠!"

"○○는 안 됩니다! ○○로 바꿔요!"

이런 식이다. 그러나 관리직에 처음 앉게 되면 '잘난 척하

129

는 사람으로 보이고 싶지 않아.'라는 마음에서 지시를 내리는 데 저항감을 느끼고 주저하게 된다.

그 마음은 충분히 이해한다. 하지만 내 경우만 보더라도 냉정하게 판단하고 지도해야 하는 경우가 많다. 기업 연수교육 책임자가 "냉정한 말씀, 부탁드립니다!"라고 요청을 하는 경우도 적지 않다. 그래도 외부인이기 때문에 '잘난 척하는 사람으로 보이고 싶지 않다'는 마음은 늘 존재한다.

그래서 나는 가급적 부드럽게 제안하듯 지도하고 있다.

"○○ 씨, 저 같으면 ○○로 하겠습니다."

이렇게 말하면 '그렇구나!' 하는 표정을 보이며 개선을 하려고 노력한다. 지도 현장에서는 이 한마디가 매우 중요한 보배 역할을 한다.

POINT 지시나 명령 형식의 말투에 저항감이 느껴진다면 제안 형식의 화법을 활용한다.

"믿어주시지
않아도 괜찮습니다."

부정당하고 싶지 않을 때
귀를 기울이기를 원할 때

사람은 한 번 경험을 하면 사고방식이 완전히 역전되어버린다. 더 이상 자신의 머리를 납득시키기 위한 이유를 찾을 필요가 없어진다.

하지만 그런 이야기를 하면 상대는 좀처럼 믿어주지 않는다. 그럴 때에는 내 쪽에서 "믿어주시지 않아도 괜찮습니다! 다만 알아두시기만 하면 됩니다!"라는 식으로 미리 말을 한 뒤에 이야기를 시작한다.

그렇게 하면 무조건 부정하는 사람은 거의 없다. 미리 '믿지 않아도 된다'고 말해두었기 때문이다.

또 무엇인가 소개를 할 때에도 이런 식으로 설명을 한다.

"믿어주시지 않아도 괜찮습니다. 다만 정말 도움이 되니까 알아두시기만 하면 됩니다."

이렇게 말하면 나중에 그 말을 믿고 행동으로 옮긴 사람으로부터 감격의 문자가 날아온다.

"믿지 않아도 돼! 다만 혹시 모르니까 알아두기만 해!"

이렇게 말하면 그 말을 믿은 동료로부터 며칠 뒤 감격의 전화가 걸려온다.

"믿어주시지 않아도 괜찮습니다! 다만 저는 그 음식점이 정말 최고라고 생각합니다."

이렇게 말하면 역시 그 말을 믿고 음식점을 찾아간 지인으로부터 감사의 말이 날아온다.

대부분 나의 말을 큰 의심 없이 '믿어주는' 것이다. 그래서 부하 직원이나 후배에게 조언이나 충고를 할 때에도 이 방식을 응용했다. 예를 들면 이렇게 말한다.

"내가 하는 말을 모두 믿으라는 건 아니야. 다만 도움이 될지 모르니까 알아두기만 하라고."

"내 말을 믿든 말든 그건 ○○ 씨의 선택이야. 다만 ○○를 한다면 미래를 위해 알아두는 게 좋을 것 같아서 하는 말이야."

이렇게 말하면 반박하는 사람보다 예상 외로 나의 의견을 순순히 받아들이는 사람이 더 많다. 내가 상대의 판단이나 결정을 존중하는 만큼 상대도 나의 말에 마음을 열기 때문이다.

POINT 반발을 미리 차단하여 순조롭게 설명을 이어간다.

"○○를 위해
살고 있는 것은 아닙니다!"

반론을 펴거나 충고할 때
훈계하거나 지도할 때

자녀 교육에 관한 고민이 끊이지 않는 사람에게 이런 한 마디를 들려준다.

"우리는 비교당하기 위해 살고 있는 것이 아닙니다!"

무슨 일이든 이해타산적으로 판단하고 행동하는 사람에게는 이런 한마디를 들려준다.

"저는 이해득실을 기준으로 살지 않습니다!"

자기중심적이고 독선적인 언행이 눈에 띄는 사람에게도 한마디를 한다.

"난 당신을 만족시키기 위해 살고 있는 것이 아닙니다!"

다양한 상황에서 이런 한마디를 사용해왔는데, 다행히 그 때마다 상대는 그 말을 진지하게 받아들여준 듯하다. 그 후의 태도와 언행이 바뀌었으니까.

단, 이 한마디를 지나치게 남발하거나 상대를 가리지 않고 사용하는 경우, '성격이 비뚤어진 사람', '순수하지 않은 사람', '말이 통하지 않는 사람'이라는 인상을 심어줄 수도 있기 때문에 주의해야 한다.

그런데 이 한마디를 던졌는데, "그럼 대체 무엇 때문에 사십니까?"라는 반문이 돌아올 수도 있다. 지금까지 이런 반격(질문)을 받은 적은 없지만 언젠가 받을지도 모른다…. 그때 만약 분명하게 답변을 하지 못한다면 이 한마디의 효력이 순간적으로 사라질 수 있다는 점도 명심해두자.

POINT '듣고 보니 맞는 말씀'에 해당하는 말에 대항하기는 어렵다.

"그것을 한마디로
정의한다면?"

확실한 의사소통을 하고 싶을 때
상대의 이해를 심화시키고 싶을 때

"리더에게 빼놓을 수 없는 조건이란 무엇인가?"라는 질문을 받고 "필연必然 지향과 긍정肯定의 힘, 그리고 정의定義를 내리는 능력이 아닐까요?"라고 대답한 적이 있다.

지금까지 수많은 경영자와 전문가 등을 만났다. 또 일을 통해서 다양한 사람들과 이메일이나 문자를 통하여 교류할 수 있는 기회도 가졌다. 그래서 얻은 결론이 있다. "역시!" 하고 감탄을 하게 만드는 리더는 '정의를 내리는 능력'이 잘 갖추어져 있다는 것이다. 즉, 한마디로 예리하게 결론을 이끌어내는 능력이다.

만약 여러분이라면 '행복이란?', '성공이란?', '일이란?'에 대한 답변을 한마디로 정의한다면 무엇이라고 할까? 아마 사람에 따라 다를 것이다. 그렇기 때문에 커뮤니케이션에서는 자신의 의견이나 주장을 상대가 받아들이도록 이해하기 쉽게 정의하거나 매력적으로 정의를 내리는 능력이 중요하다. 또 의사소통을 확실하게 하기 위해서도 상대의 정의를 확인하거나 때로는 자신의 정의를 전달해야 한다.

나는 대화 중에 이런 한마디를 툭 던지곤 한다.

"저는 성장을 ○○라고 정의하고 있습니다만 귀사는 어떤 정의를 가지고 계신지요?"

"그전에 ○○를 어떻게 정의하고 계시는지 가르쳐주실 수 있겠습니까?"

"○○ 씨 회사의 서비스 방침을 한마디로 정의하신다면 무엇일까요?"

서로의 '정의'가 명확해질수록 이해는 심화된다.

POINT 확실한 의사소통을 하기 위해 서로의 '정의'를 확인한다.

"단점은 무엇입니까?"

예를 들어 영업 사원이 온갖 미사여구를 사용해서 상품을 자화자찬하면 "단점은 무엇입니까?"라고 물어보고 싶어진다. 나는 듣기 좋은 말일수록 "결점은 무엇입니까?", "위험성은 없습니까?"라는 식으로 영업 사원의 신경을 거스르는 질문을 자주 한다.

그때 영업 사원이 애매모호한 태도를 보이며 분명하게 답변하지 못한다면 나도 당연히 신중해진다. 또 영업 사원이 질문에 전혀 답변을 하지 못한다면, '지식이 부족하고 경험이 적구나.' 하는 생각이 들어 역시 신중해질 수밖에 없다.

그러나 그 질문에 확실하게 답변을 해주면 신뢰감이 생긴다. 그래서 특히 고액의 상품을 구입할 때에는 '단점을 확실하게 설명해주는가'에 주목한다.

또 일을 의뢰받거나 부하 직원의 보고를 받을 때, 후배의 설명을 들을 때, 동료의 권유를 받거나 친구의 소개를 받는 경우에 그 내용이 좋으면 좋을수록 이런 질문을 던진다.

"위험성은 없어?"

"걱정해야 할 부분은 뭔데?"

"예상할 수 있는 상황은 뭔데?"

세상에 '완벽'이나 '절대'는 존재하지 않는다. 플러스가 있으면 반드시 마이너스가 있다. 양쪽을 모두 이해하고 있어야 가장 적합한 판단을 내릴 수 있는 것이다.

POINT 좋은 판단을 내리려면 심술쟁이가 될 필요도 있다.

"단 한 번만이라도 좋으니까."

결단을 내려주기를 바랄 때
행동에 나서주기를 바랄 때

"어쨌든 단 한 번만이라도 좋으니까 시도해보십시오!"

이런 권유를 받고 시도를 해보았더니 상상 이상으로 깊이 빠져들었다. 여러분도 이런 경험이 있을 것이다.

"이렇다 저렇다 말씀하지 마시고 일단 단 한 번만이라도 좋으니까 사용해보십시오!"

"단 한 번이면 됩니다. 경험을 해보면 아실 것입니다!"

이런 식으로 압박을 당하여 상품을 사용하거나 서비스를 체험해보았더니 상대의 말을 이해할 수 있었다….

그것은 '단 한 번만이라도'라는 말 때문이 아닐까? 그러니 상대가 '정말 그럴까?', '귀찮아.', '그럴 리가 없어.', '절대로 믿을 수 없어!'라고 생각할 때에는 "단 한 번만이라도 좋으니까."라는 한마디를 사용해보자.

나도 부하 직원이나 후배, 연수생들을 향해서 늘 이렇게 말해왔다.

"이런 체험을 할 수 있는 기회는 인생에서 단 한 번뿐일지도 모릅니다!"

"단 한 번만 해보면 그다음부터는 문제없습니다!"

이렇게 말하면 대부분 과감하게 도전한다.

"단 한 번만이라도 좋으니까 실제로 경험을 해보는 게 어떻겠습니까?"

"단 한 번만이라도 좋으니까 ○○에 협력해주십시오!"

이런 식으로 다양한 상황에서 사용할 수 있는 한마디다.

POINT '단 한 번 정도라면….' 하고 생각하게 만든다.

Chapter 4

사람을 움직이는 한마디

×

유능한 사람들은 알고 있다

"자신을 잊으십시오."

수준을 높여 성과를 내기를 바랄 때

프로 운동선수가 승부를 걸어야 하는 중요한 순간에 '고양이가 집을 잘 지키고 있을까?', '시합이 끝나면 뭘 먹을까?', '내일은 오랜만의 데이트인데 어디로 갈까?' 등을 생각하면서 경기를 하는 일은 없을 것이다.

진검승부의 순간이라면 자신까지 완전히 잊어야 한다.

영업 사원들을 지도한 내 경험에 비추어볼 때도 '자신을 잊고 완전히 몰입해 있는 모습'만큼 매력적인 것이 없다. 또 올바른 결단을 내릴 확률도 높다. 접객에서 놀라운 능력을 발휘하는 사람들은 '자신을 잊을 정도로 몰입'하는 사람들이다.

높은 품질이나 성과를 추구할수록 그 과정에서 '자신'이라는 존재는 방해가 된다. 우리가 텔레비전이나 영화를 통해서 감동을 받는 장면도 올바른 동기를 바탕으로 '스스로를 버리는(배역에 몰입하는)' 장면이 아닐까?

그래서 나는 지도 현장에서 "자신을 잊으십시오!", "자신을 버리십시오!"라고 조언하거나 의욕을 이끌어내는 격문을 띄운다. '자신을 잊을 수 없다'고 생각하는 사람에게는 특효약이 될 수 있는 한마디다.

POINT 자신에게 얽매여 있으면 그것이 족쇄가 된다.

"필연이겠지요?"

진지해지기를 바랄 때
불평하지 않게 하고 싶을 때
스스로의 능력으로 성장하기를 바랄 때

세상에는 '인과의 법칙'이 작용한다. 원인이 결과를 만들고 그 결과가 다시 원인이 되어 새로운 결과를 가져온다. 세상에 '우연'이나 '기적'은 없다. 그 결과를 가져온 원인을 확실하게 알 수 없을 뿐이다. 모든 것은 인과의 법칙에 바탕을 둔 '필연'이다.

그래서 나는 연수생들에게 "모든 것은 자신이 초래한 결과(인생)다."라는 사실을 자각하도록 하기 위해 이런 질문을 한다.

"당신이 이 회사에 입사한 것은 우연입니까?"

"여러분이 이 직업을 선택한 것은 우연일까요?"

"지금 이 연수를 받고 있는 것은 우연입니까?"

"앞으로 여러분에게 발생할 사건들은 모두 우연일까요?"

이 질문에 연수생들은 조용해진다.

그때 "필연이겠지요?", "필연이 아닐까요?"라는 한마디를 덧붙인다. 그러면 연수생들의 표정이 조금씩 바뀐다.

"고객과의 만남은 물론이고 앞으로 여러분의 인생에 발생하는 사건들은 모두 필연입니다. 그렇지 않습니까?"

이제 연수생들의 태도는 사뭇 진지해진다. 회사나 상사, 고객에 대해 불평을 했던 사람도 더 이상 불평을 하지 않는다. '모든 것은 필연'이고 자신이 만들어낸 원인에 의해 '현재'가 존재하는 것이기 때문이다.

따라서 부하 직원을 자신의 능력으로 성장하는 인재로 바꾸려면 '모든 것은 필연이다'라는 사실을 자각하게 해야 한다. 모든 일을 주변 탓으로 돌리고 운이나 우연으로 인생이 정해진다고 생각하는 사람에게는 성장을 기대할 수 없다.

POINT 자신이 스스로 원인을 만들어내고 있다는 사실을 깨닫게 한다.

"한 번이라도 뛰어넘으면 그것은 시련이 아닙니다!"

**결심을 하고 도전하기를 바랄 때
용기를 주고 싶을 때**

누구나 살다 보면 시련에 부딪히게 된다. 무슨 일이든 '뜻대로 되지 않는 것'이 인생의 본질이기 때문이다.

나도 예외는 아니다. 나는 사람들 앞에 나서는 것을 싫어했기 때문에 판매원으로 처음 일을 시작했을 때에는 상당한 용기가 필요했다. 일을 시작한 이후에도 실적에 쫓겨야 하는 시련의 연속이었다. 편집자, 기자로서 일했던 시절에는 완벽한 문장만을 추구한 끝에 '글을 전혀 쓸 수 없다'는 경험도 했다. 또 '사람들 앞에서 이야기하는 것은 무리야!'라고 생각하면서 강단에 섰다….

이런 식으로 지금까지 피해왔던 것, 싫었던 것, 자신이 없었던 것들과 하나하나 맞서왔다. 딴에는 '시련과 맞서는 것이 인생인가?' 하는 생각이 들었을 정도다.

그래서 내가 마음에 새겨두고 있는 한마디는 "단 한 번이라도 뛰어넘을 수 있다면 그것은 더 이상 시련이 아니다!"라는 말이다. 젊은 시절 대선배로부터 이 한마디를 듣고 얼마나 큰 용기를 얻었는지 모른다. 시련을 만날 때마다 나는 몇 번이고 마음속으로 이 말을 복창했다.

그렇다. 한 번이라도 뛰어넘을 수 있다면 그것은 더 이상 시련이 아니다. 시련을 극복하면 '자신감'을 얻을 수 있다. 그래서 시련과 맞서 싸우고 있는 사람에게는 이 한마디로 격려해왔다.

하지만 모든 사람들이 마음을 다져 먹고 시련에 맞서 싸우는 것은 아니다. 부끄럽지만 나 자신도 젊은 시절에는 '시련은 피하는 것이 현명한 선택'이라고 믿었다. 하지만 시련은 반드시 맞닥뜨리게 되어 있다.

그러니까 상대가 시련에 부딪혀 머뭇거리고 있다면 이렇게 말해주자.

"피하면 피할수록 언젠가 더 큰 시련이 되어 반드시 찾아올 것입니다. 그러니까 지금 도전해서 뛰어넘는 것이 올바른 선택입니다!"

거짓말이 아니다. 인생에서 시련은 언제든 찾아오니까.

POINT 두 번 다시 같은 시련으로 고민하지 않는다는 점을 깨닫게 하고 맞서 싸우도록 독려한다.

"당신은
베테랑이지 않습니까?"

충고를 순수하게 받아들이기를 바랄 때

후배의 언행에 관해서 충고하거나 지도하는 경우, '미움을 받으면 어떻게 하지?', '순순히 따라와줄까?', '반발하지 않을까?'라는 걱정 때문에 조심스럽다.

이는 연수교육을 진행할 때 젊은 여성이나 남성을 냉정하게 지도해야 하는 입장에 놓여 있는 나에게도 예외는 아니다. 아무래도 세대가 다르기 때문에 '이런 말을 해도 괜찮을까?' 하고 주저하게 된다.

그래서 지도를 한 뒤에 이 한마디를 덧붙인다.

"당신은 멋진 숙녀이지 않습니까?"

"당신은 멋진 신사이지 않습니까?"

그렇게 하면 상대도 싱긋 미소를 짓거나 쓴웃음을 지으면서도 나의 충고를 받아들여준다.

지도 현장에서도 "당신은 베테랑이지 않습니까?", "당신은 프로페셔널을 지향하고 있지 않습니까?"라는 식으로 동의를 구하는 한마디를 잊지 않는다. 그 한마디가 쓰리고 냉엄한 지도를 견뎌낼 수 있도록 만들어주기 때문이다.

POINT '이상적인 모습'이나 '동경의 대상'과 자신을 동일시하여 힘든 과정을 이겨낼 수 있도록 독려한다.

"간단히 손에 넣을수록 쉽게 잃어버립니다!"

노력해주기를 바랄 때
곤란한 상황을 이겨내기를 바랄 때

나 자신이 미숙한 인간이라는 것을 자각하면서도 뭔가 계획과 목표를 세우고 도전하려 할 때 불쑥 "귀찮아!", "어려워!", "나는 할 수 없어!", "질렸어!", "정말 할 수 있을까?", 이런 감정이 고개를 치켜든다.

불평을 하거나 요령을 부리는 상황도 발생한다.

"좀 더 편하고 간단하게 할 수는 없을까?"

그때 반드시 떠오르는 한마디가 있다. 이것도 인생의 대선배로부터 들은 한마디인데, "간단히 손에 넣을 수 있는 것일수록 쉽게 잃어버린다!"는 것이다.

포기하고 싶거나 요령을 피우고 싶을 때에는 마음속으로 늘 이 한마디를 중얼거리면서 나 자신을 질타하고 격려했다. 그 덕분에 지속적으로 노력하고 인내하여 끝까지 일을 완수한 경험은 헤아릴 수 없을 정도로 많다.

나는 지금까지 연수교육을 다니면서 다양한 사람을 만났는데 이런 상담을 자주 받았다.

"좀 더 간단히 할 수 있는 방법을 가르쳐주십시오!"

"보다 간단하면서 확실한 효과를 낼 수 있는 방법은 없습니까?"

그 마음은 충분히 이해한다. 하지만 무슨 일이든 노력 없이 목적이나 목표를 이룰 수는 없다. 어떤 분야든 나름대로의 '평가'를 받으려면 그만큼의 시간과 노력이 필요하다.

따라서 편안한 방법이나 간단한 방법만을 찾는 사람에게는 "간단히 손에 넣을 수 있는 것일수록 쉽게 잃어버립니다!"라고 말해준다.

POINT 나름대로의 결과를 낳으려면 그만큼의 노력이 필요하다.

인간관계 때문에 고민하는 사람을
위로하거나 격려할 때

아내나 남편과 사이가 나빠 이혼한다. 상사나 부하 직원, 동기들과의 관계가 원만하지 못해서 퇴사한다. 이처럼 인생에는 '뜻대로 진행되지 않는' 상황이 많다.

"예전에는 잘 지냈는데… 지금은 왜 힘들까?"

"이전에는 좋았어도 지금은 아니야."

"처음에는 이렇지 않았는데… 이해할 수 없습니다."

이런 불평불만은 끊임없이 터져 나온다.

또 오랜만에 친구나 지인을 만났는데 마치 다른 사람처럼 변해서 깜짝 놀란 경험은 없을까? 당연하지만 시간이 지남

155

에 따라 사람은 여러 가지 의미에서 바뀐다. 처음 만났을 때에는 뜻이 잘 맞았어도 점차 뜻이 맞지 않는 것은 놀랄 일도, 이상한 일도 아니다.

의식을 하든, 하지 않든, 그때의 당신과 지금의 당신은 다르다. 상대 역시 마찬가지다. 같은 방향(목적)을 향하여 같은 속도로 발맞추어 함께 변화(성장)할 수 있다면 더할 나위가 없겠지만 그것은 쉽지 않은 일이다.

지금까지 인재 육성에 매진해온 내 경험을 통해서 말하자면 사람의 성장은 각양각색이다. 무엇이 계기가 되어 성장하는가 하는 것도 사람에 따라 다르다.

당연한 말이지만 인간관계에는 만남과 이별이 따른다. 그래서 인간관계 때문에 고민하는 사람에게는 "당신이 바뀔 수 있는 절호의 기회입니다!"라고 격려해주고 있다.

실제로 사람은 기쁨보다는 고통이나 슬픔, 시련이나 절망을 뛰어넘어야 크게 바뀔 수 있다.

POINT 인생에는 커다란 변화가 필요한 시기가 반드시 찾아온다.

"함께해봅시다."

"저걸 해라!", "이렇게 해라!", 이런 식으로 '명령'만 내려서는 부하 직원이나 후배의 의욕은 떨어지고 만다. 주체성을 잃게 되어 명령이 없으면 아무것도 할 수 없는 사람으로 전락할 수도 있다. 실제로, '사원들이 주체적이지 않다'는 이유로 고민하는 경영자가 수두룩하다.

사실 누구에게나 똑같은 명령을 내리는 획일적인 매니지먼트만으로는 한계가 있다. 직면해 있는 과제나 고민을 해결하고 결과를 이끌어내기 위해 도전해야 하는 일은 모든 사람에게 똑같은 상황이 아니기 때문이다.

157

성과를 이끌어내려면 세 가지 요소가 필요하다. '지식'과 '기술'과 '마음'이다. 따라서 상사는 무엇이 부족한지, 어디에 원인이 있는지를 명확하게 밝혀주고 지적해주어야 한다. 지식이 부족한 것이 원인이라면 어떤 지식을 언제까지 어떤 방법으로 배워야 할 것인지 생각해야 한다.

기술적인 면에 원인이 있다면 어떤 기술을 언제까지 어떤 방법으로 갖추어야 할지 생각한다. 마음에 원인이 있다면 업무상의 스트레스인지, 가정 문제인지, 건강 때문인지 그 원인을 밝힌 뒤에 대책을 생각해야 한다.

그래서 나는 강연을 할 때 상사와 부하 직원이 함께 생각하는 매니지먼트를 실천하도록 제안하고 있다. 누구에게나 똑같은 지도 방법이나 메시지를 이용하여 결과를 내기를 원하는 것은 현실적이지 못한 태도다.

"원인이 무엇인지 함께 생각해봅시다!"

"어떤 방법을 이용해야 좋을지 함께 생각해봅시다!"

이런 식으로 '함께 생각하는 매니지먼트'를 실천할 수 있으면 상대 또한 착실하게 성장해줄 것이다.

POINT 매니지먼트를 확실하게 하려면 상대가 끌어안고 있는 문제의 원인을 명확하게 밝혀야 한다.

"사명을 발견하십시오."

일, 가사, 육아 때문에 고민하고 있을 때

　평소에 일, 가사, 육아 때문에 고민하는 사람에게는 이런 질문을 한다.

　"그것은 의무입니까? 아니면 사명입니까?"

　예를 들어 일을 '의무'라고 말하는 사람은 (내 주관적인 의견이지만) 책임감이 강하고, 성실하며, 위로부터의 지시나 명령에 매우 충실하다. 또 보수적이고, 유연성이 부족하며, 자신을 억누르거나 위장하는 경향이 있다.

　한편 일을 '사명'이라고 말하는 사람은 '자신의 길을 가는 타입'이며 열정을 갖추고 있다. 스스로 정한 목표를 가지고 있고, 대부분 긍정적인 사고를 하는 사람이며, 신념을 굽히지 않는 강인함이 있다. 반면에 다른 사람의 의견에는 귀를 기울이지 않는 완고한 측면도 있어서 인간관계에서는 그것이 단점으로 작용하는 경우가 많다.

적절한 조언을 하기 위해 앞에서 한 질문을 다시 하면, 사실 일이든 가사든 육아든 삶 자체가 '의무'라고 느끼는 사람이 압도적으로 많다. '모든 것이 의무'라고 생각하는 것이다. 그리고 그들에게 공통되는 증세가 현저한 의욕 저하다.

의무감을 앞세우는 사람들은 '살아 있다'는 실감보다 '살아가야 한다'는 마음이 더 강하고, 반대로 사명감을 앞세우는 사람들은 '살아 있다'는 느낌이 더 강하다.

그래서 '모든 것이 의무'라고 생각하는 사람에게는 "의무(일, 가사 등) 안에서 반드시 그 나름의 사명을 발견하십시오!"라고 말해주고 있다.

당연한 말이지만 의무를 자각하고 책임을 완수하는 것도, 사명이라고 자각하고 강인하게 살아가는 것도 모두 중요하다. 어느 쪽이 더 낫다거나 나쁘다고 말할 수 있는 것이 아니다.

'살아가야 한다'는 책임감도, '살아 있다'는 충실감도 우리에게는 모두 필요한 감각이기 때문이다.

"나는 가족을 부양하기 위해 일합니다."

"나는 살기 위해 그림을 그려 개인전을 열고 있습니다."

이렇게 말하는 사람은 의무와 사명의 소중함을 잘 알고 있는 사람이라고 생각한다.

POINT '살아 있다'는 충실감을 잃어버린 사람에게는 사명감을 갖도록 독려한다.

"규칙은 없애기 위해 존재하는 것입니다!"

규칙이나 규정을 확실하게 지키기를 바랄 때

시대의 변화에 맞추어 새로운 규칙이 만들어지는 것은 필연적인 현상이다. 그러나 복잡하고 이해하기 어려운 규칙이 계속 만들어지기만 해서는 융통성 없이 경직된, 숨이 막히는 사회가 되어버릴 것이다. 예를 들어 규칙이나 규정에 대해 이런 불평불만을 하는 사람들이 있다.

"무엇을 하든지 허가나 승낙을 받아야 한다니, 이쪽의 입장은 전혀 생각하지 않는 거 아니야?"

"규칙이라고 하지만 과정이 너무 복잡해서 비효율적인 요소가 있어!"

"규정이라고는 하지만 비용이 너무 많이 들어가. 이건 본말이 전도된 거야!"

"이런 규정이 어디 있어? 그러니까 아무도 하려 들지 않는 거잖아!"

직장을 예로 들어보자. 지키지 않으면 안 되는 규칙을 계속 늘리면 어떻게 될까? 일에 점차 흥미를 잃게 될 것이다. 나중에는 규칙을 지키는 것이 목적(일)이 되어버릴 테니까.

직원을 구속할수록 의욕은 떨어진다. 구속은 사명감에 불타 입사한 직원들의 의욕까지 꺾어버린다. '지켜야 하는 규칙'에 질려 있는 직원을 향해, "규칙이니까 지키세요!"라는 태도를 내세우면 직원들은 더욱 질려하고 결국 구심력을 잃어버린다.

그래서 나는 새로운 규칙(규정)을 제안할 때면 한마디를 덧붙인다.

"여러분이 규칙을 철저하게 지키면 이 규칙은 더 이상 필요 없을 것입니다. 언젠가 그렇게 되어야 합니다! 규칙은 없애기 위해 존재하는 것입니다!"

한편 브라질에는 사원 1,000명이 넘는 대기업인데도 불구하고 공식적인 조직 구조도 없고, 인사과도 없고, 자기 전용 책상도, 직함조차 없는 셈코Semco라는 회사가 있다. 이른바 '규칙이 없는 회사'다. 그래도 착실하게 실적을 올리고 있고, 입사를 원하는 청년들도 끊이지 않으며, 사원들이 정착하는 비율도 높다는 사실을 알고 깜짝 놀랐다. 전 세계의 경영자들이 견학을 하러 간다는데, 충분히 납득이 간다. 이것은 사람이 사람을 신뢰하기 때문에 가능한 일이다. 이 말을 들었을 때, 나도 한번 그런 직장에서 일해보고 싶다는 생각이 들었다.

POINT 규칙을 진심으로 지키게 하기 위해 규칙을 없애는 것을 목표로 삼는다.

결단을 내리기를 바랄 때

"A사는 ○○로 대성공을 거두었습니다. 하지만 B사에서
는 ○○로 순조롭게 실적을 올리고 있다고 합니다. 어느 쪽
이 바람직할까요?"

"C매장은 ○○를 실시해서 성공을 거두었습니다. 하지만
D매장은 ○○를 전혀 하지 않고 있지만 C매장보다 ○○합
니다. 어느 쪽이 옳은 것일까요?"

이런 양자택일 형식의 질문을 받고 난처했던 경험이 있을
것이다.

나도 연수생들로부터 이런 지적을 받은 적이 있다.

165

"다른 강사님은 ○○라고 말씀하셨습니다. 어느 쪽이 옳은 것입니까?"

"E씨는 ○○가 효과 있다고 말했는데, F씨는 ○○가 효과 있다고 합니다. 어느 쪽이 맞습니까?"

"어떤 책에는 ○○라고 씌어 있습니다. 하지만 다른 책에는 ○○라고 씌어 있습니다. 대체 어느 쪽이 옳은 것인지 모르겠습니다."

나는 일본 전역으로 다니며 판촉 행사를 진행하면서 어떤 매장에서는 적용되는 방식이 어떤 매장에서는 전혀 통하지 않는 경우도 있다는 사실을 알게 되었다. 가장 적합한 판단과 행동은 시간이나 환경, 조건에 따라 항상 바뀐다.

또 나는 다양한 선배들 밑에서 일했다. 대개 베테랑 선배들은 각자 자신의 강점을 내세워 승부를 걸었다. 하지만 내가 그대로 흉내를 낸다고 해도 똑같은 성과를 올릴 수 있는 것은 아니라는 사실도 알았다.

즉, 무엇이 옳고 무엇이 옳지 않은가 하는 것보다 그 순간 자신이 '이것이다!'라고 믿을 수 있는가, 그렇지 않은가 하는 것이 중요하다. 머릿속으로는 '옳다'고 생각해도 마음속으로는 믿을 수 없는 것이라면 전력투구를 할 수 없다. 따라서 성과도 기대하기 어렵다.

그래서 옳은가, 옳지 않은가에 얽매이거나 휘둘리는 사람에게는 이렇게 말해주고 있다.

"그 순간 당신이 믿을 수 있는 것에 전력투구하십시오!"

POINT 가장 적합한 판단과 행동은 늘 바뀐다는 사실을 받아들인다.

"일에서 결과를 내는 것만이
성장은 아닙니다."

**자신감을 갖게 하고 싶을 때
자신의 성장을 자각하게 하고 싶을 때**

연수생들로부터 이런 상담을 받는 경우가 있다.

"제가 성장하고 있는지 전혀 모르겠습니다."

"좀처럼 결과를 낼 수 없습니다. 이래서는 성장하고 있다고 할 수 없겠지요."

"어떻게 하면 성장할 수 있을까요? 적성에 맞지 않는 것은 아닌지 고민이 됩니다."

이처럼 자신의 성장을 실감하지 못하는 사람이 많다. 특히 신입 사원들에게는 그런 경향이 강하다.

지속적으로 눈에 보이는 결과를 내지 못하면 성장하고 있지 않다고 고민할 수도 있다. 하지만 그 사실에 계속 얽매여 있어서는 더욱 바라는 결과를 낼 수 없는 악순환에 빠진다. 일을 대하는 마음의 변화가 결과를 좌우하기 때문이다.

과거에 화가 나서 용서할 수 없었던 일인데, 지금은 무난히 넘어간다거나 용서할 수 있게 된 경험이 있을 것이다. 당시에는 '말도 안 돼!' 하고 생각했던 것이 지금에 와서는 '그럴 수도 있지.' 하고 받아들이게 되었다거나….

즉, 과거의 자신과 현재의 자신은 다르다. 젊은 시절에는 "성장이란 변화하는 것이다."라고 말했는데, 생각해보면 육체도 마음도 시간과 함께 변한다. 1분 전의 '당신'과 1분 후의 '당신'은 완전히 같은 사람이라고 말할 수 있을까?

우리는 항상 '변화'한다. 지금까지의 자신을 돌이켜보면 분명히 '변화한 자신'을 깨닫게 될 것이다. 그것이 바로 당신이 성장했다는 증거다!

그래서 성장을 실감하지 못하는 사람에게는 '과거의 자신'과 '현재의 자신'을 비교해보라고 말한 뒤에 "일에서 결과를 내는 것만이 성장은 아닙니다."라는 한마디로 용기를 심어주고 있다.

POINT 신변의 작은 변화 또한 성장의 증거다.

"자신의 강점을
연마하십시오."

강점과 매력을 발산하도록 하고 싶을 때
보다 나은 목표를 지향하기를 바랄 때

접객, 판촉 업무를 담당했던 시절에는 다양한 선배들 밑에서 많은 것들을 배울 수 있었다. 그래서 깨달은 점은 고객을 편안하게 만드는 미소를 강점으로 갖춘 사람도 있고, 특유의 재치나 유머센스를 내세워 승부를 거는 사람도 있고, 신뢰감 있는 목소리를 이용해서 고객을 납득시키는 사람도 있고, 독특한 리듬감이 있는 화법을 구사해서 설득력을 높이는 사람도 있다는 사실이다. 모두가 각자 다른 강점(매력)으로 승부를 걸고 있었다!

한편 선배들로부터 배운 것을 흉내 낸다고 해서 간단히

결과를 이끌어낼 수는 없다는 사실도 깨달았다. 생각해보면 선배들과 나는 완전히 같은 인간이 아니다. 외모도, 목소리도, 고객에게 주는 인상도 다르다.

선배들이 결과를 낸 현장(매장)과 내가 부딪히고 있는 현장(매장)은 고객의 성향도, 환경도, 조건도 모두가 다르다. 큰 성과를 내려면 선배를 모방하는 것만으로는 한계가 있다.

그런 경험을 바탕으로 나는 연수교육을 의뢰하는 책임자에게 "매뉴얼을 철저하게 활용한다는 것은 어디까지나 통과 과정에 지나지 않습니다. 직원들 각자가 자신의 강점을 내세워 결과를 낸다는 것을 목표로 삼는 게 어떻겠습니까?"라고 제안하고 있다.

"어떻게 하면 큰 성과를 낼 수 있습니까?"

"어떻게 하면 현재의 자신을 뛰어넘을 수 있습니까?"

연수생들에게 이런 상담을 받으면 나는 "자신의 강점을 철저하게 연마하는 수밖에 없습니다."라고 조언해주고 있다. 어떤 분야, 어떤 장르에도 적용할 수 있는 말이다. 우리가 지향해야 할 것은 자신의 강점으로 승부를 내는 것이다. 따라 하는 데에는 한계가 있다. 자신의 강점을 철저하게 연마할수록 큰 성과를 낼 수 있다는 사실을 명심하자.

덧붙여, 연수교육에서는 "지식을 배우고 기술을 갖추는

것으로 끝이 아닙니다. 가능하면 다양한 선배에게 지도를 받아 지식과 기술의 폭을 넓히도록 하십시오. 그렇게 하면 '각자의 강점이 다르다'는 사실을 깨닫게 될 것입니다."라고 말하고 있다. 이러한 과정을 통해 자신만의 강점을 발견할 수 있어야 한다.

POINT 프로는 자신만의 강점으로 승부한다.

"약점을 극복하면
기회를 얻을 수 있습니다."

약점을 극복하기를 바랄 때
일을 성사시키기를 바랄 때

한때 전국 각지, 다양한 현장(매장)을 다닌 적이 있다. 그때 깨달은 점은 현장마다 조건이 다른 것은 물론이고 고객의 특징도 미묘하게 다르다는 것이다.

예를 들어, 도시와 지방은 고객의 반응이 다르다. 도시의 고객들은 무관심한 반면 지방의 고객은 호기심이 왕성하다거나, 어떤 지방은 쑥스러워하는 사람이 많은 반면 어떤 지방은 경계심이 강하다. 그래서 내가 강점으로 내세우는 판매 방식이 성공을 거두는 현장도 있고, 전혀 효과가 없는 경우도 많다. 다시 말하면, 강점이 통하지 않는 것이다!

어쨌든 현장에 따라 '달라진다'는 사실을 뼈저리게 깨달았다. 그래서 환경이나 조건, 고객의 특성이 아무리 바뀌어도 변함없이 결과를 내려면 판매 방식을 늘릴 필요가 있다고 생각했다. 이 방식이 통하지 않는다면 다른 방식으로 해본다는 식이다. 지식과 기술의 폭을 넓혀 강점을 늘리지 않으면 다양한 현장에서 지속적으로 결과를 내기는 어렵다. 즉, 자신의 약점을 극복해야 하는 것이다.

그래서 "지금까지의 방식이 통하지 않습니다!", "일을 성사시키려면 어떻게 해야 합니까?"라는 상담에는 "약점을 극복하면 기회를 얻을 수 있습니다."라고 조언해주고 있다.

"강점 강화와 약점 극복, 어느 쪽을 우선해야 좋을지 모르겠다는 상담도 자주 받는다. 변화가 적은 경우에는 자신의 강점을 연마하는 쪽이 우선이다. 출장이나 전근 등 활동하는 환경이나 조건이 자주 바뀌는 사람은 약점 극복이 우선이다. 약점을 극복할수록 환경이나 조건에 좌우되지 않기 때문이다.

POINT 선택의 옵션을 늘리면 다양한 조건에서도 활약할 수 있다.

"반드시 결과로 돌아옵니다!"

분노나 불만을 가라앉히기를 바랄 때
현실을 긍정하기를 바랄 때
상대를 격려하고 싶을 때

어떻게 하면 성장할 수 있는지 묻는 사람들이 많다. 하루의 일을 돌이켜보면 '이렇게 했어야 했어.', '이런 방식이 더 좋았어.'라는 생각이 들 때가 반드시 있다. 그런 깨달음을 다음번에 활용해야 한다. 365일 계속 실천하다 보면 1년 후, 당신은 틀림없이 성장해 있을 것이다.

운동선수가 좋은 예다. 시합이나 연습 광경을 녹화해서 자신이 어떻게 움직이고 있는지, 어떤 점을 개선해야 하는지, 약점은 무엇인지… 그런 식으로 자신을 객관적으로 바라볼 수 있어야 성장할 수 있다.

어쨌든 자신의 인생을 돌이켜보는 습관을 가져야 한다. 그렇게 하다 보면 틀림없이 깨달을 것이다. 남의 일이라고만 생각했던 일이 자신의 일이 될 수도 있다는 사실을!

"그때 내 말에 ○○ 씨도 이런 기분이 들었겠구나…."

나도 인생을 돌이켜보며 자주 이렇게 반성하고 있다. 때로는 10년, 20년이나 지난 과거의 사건을 떠올리고 강하게 반성을 하는 경우도 있다.

예를 들면, 구조조정을 단행한 인사 담당자가 자신이 구조조정을 당하는 입장에 놓인다거나, 상사에게 불만을 늘어놓던 사람이 상사가 되어 부하 직원에게 불만을 듣는 입장에 놓일 수도 있다.

이른바 '인과법칙'이다. 이렇듯 '언젠가 내게도 돌아온다'는 사실을 깨닫는다면 인간관계에서의 고민, 대립, 다툼은 자연스럽게 사라지지 않을까?

긍정적인 경우도 있다. 남의 성공을 보고 부러워했는데, 나도 그만큼 열심히 노력했더니 좋은 결과로 나타나게 된 것이다. 이런 인과법칙은 언제든 환영이다.

POINT 원인을 만들면 언젠가 반드시 결과(책임)로 돌아온다.

"〇〇를 떠올리면
어떤 기분이 드십니까?"

고민하고 있을 때
시련에 직면했을 때

지방에서 상경하여 도시에서 혼자 생활하고 있던 시절에 부모님의 모습을 떠올려보았다. 그러자 "건강이 자본이다!", "식사는 거르면 안 돼!", "가능하면 사 먹지 말고 집밥을 먹어라.", "〇〇가 몸에 좋단다!", "우리는 걱정하지 않아도 돼!" 등등, 두 분의 말씀들이 자연스럽게 머릿속에 떠올랐다.

일에 쫓기던 시절에는 바쁘게 일하던 상사의 모습을 떠올려보았다. 그러자 "이럴 때에는 〇〇하는 게 좋아."라는 목소리가 들리면서 망설임과 불안감이 사라졌다.

좀처럼 성과를 내지 못해 고민이 될 때에는 믿고 의지하는 선배를 떠올려보았다. 그러자 "나라면 이렇게 할 거야!"라는 목소리가 들렸다. 실제로 시도해보았더니 결과는 대성공이었다!

늘 호의로 대해주던 분을 떠올려보았다. 그러자 "여전히 잘 지내고 있군!", "파이팅!", "내가 응원하고 있다는 것 알지?"라는 목소리가 들리면서 용기를 얻을 수 있었다.

이미 세상을 떠난 친구, 지인, 할아버지, 할머니를 떠올려보았다. 그러자 가슴속에 다양한 메시지들이 떠올랐다. 그들의 응원에 때로는 눈물이 흘러내리기도 했다.

그래서 나 또한 상담을 요청해온 사람들에게 이런 질문을 종종 한다.

일 때문에 좌절감에 빠져 있는 사람에게는,

"자녀의 모습을 떠올리면 어떤 기분이 드십니까?"

자포자기 상태에 빠져 있는 사람에게는,

"부모님의 모습을 떠올리면 어떤 기분이 드십니까?"

가던 길을 벗어나 다른 길로 들어서려는 사람에게는,

"연인의 슬픈 모습을 떠올리면 어떤 기분이 드십니까?"

살아갈 자신감을 잃어버린 사람에게는,

"지금까지 당신을 지원해준 분들을 떠올리면 어떤 기분이 드십니까?"

"돌아가신 분이라도 상관없습니다. 당신이 소중하게 생각하는 분을 떠올리면 어떤 기분이 드십니까?"

여러분도 그런 사람들을 떠올려보면 마음에 느껴지는 것이 분명히 있을 것이다. 그것은 당신의 소중한 사람들이 당신에게 보내는 메시지다. 자신의 감정을 조절하거나 의욕을 일깨울 때, 또는 특별한 영감inspiration을 기대한다면 이 방법을 적극적으로 활용해보자.

POINT 그 순간 무엇을 떠올리는가에 따라 기분이나 판단이나 행동에 변화가 발생한다.

"스스로를 격려하십시오!"

슬럼프에 빠져 있는 사람에게 용기를 주고 싶을 때

　요즘 집 안에만 틀어박혀 지내는 사람들이 증가하는 추세라고 한다. 나도 이와 관련된 상담을 많이 받았다. 그럴 때 나는 "위대한 예술가와 함께 있군요!"라고 말해준다. 예술가는 창작 활동을 하기 위해 주변과의 접촉을 끊고 은둔하는 경우가 많기 때문이다. 때로는 대작을 완성하기 위해 몇 년, 몇십 년이나 은둔 생활을 하는 이들도 있다.

　예술가와 '은둔형 외톨이'는 고독한 싸움을 하고 있다는 점에서 비슷하다. '사회생활에 대한 적응이 부족하다'고 지적을 하는 사람도 있지만 현 사회가 그렇게 이상적이지만은 않다는 게 현실이다.

오해를 무릅쓰고 말하자면 '은둔형 외톨이'나 '마음의 질병'을 앓고 있는 사람들이야말로 사실은 인간으로서 정상이 아닐까? 세상을 냉정하게 관찰해보면 그런 생각이 든다.

어쨌든 돌진하는 것만이 인생은 아니다. "사람은 고독을 사랑한다."라는 말이 있는데 우리는 때로 멈추어 서서 주변을 둘러보는 것도 필요하고 혼자가 되어 자신과 맞서보는 시간도 필요하다.

무슨 일을 해도 뜻대로 되지 않을 때가 있고 모든 것이 싫어질 때도 있는 것이다. 참아야 할 때에는 참는 수밖에 없다. 그럴 때에는 스스로를 적극적으로 격려해야 한다.

나 자신을 격려하는 것 이외에도 나는 스스로를 자극해야 할 때가 많았다. 스스로를 고무시킬 수 있었기 때문에 지금까지 많은 일들을 헤쳐 나올 수 있었다고 말해도 지나친 표현이 아니다.

슬럼프에서 좀처럼 빠져나오지 못하는 사람들의 공통점은 무엇일까? '스스로를 격려하거나 자극하는 방법을 모른다'는 것이다. 그래서 슬럼프에 빠져 있는 사람에게는 "당신의 인생을 대신해줄 사람은 아무도 없습니다. 그러니까 스스로를 격려하십시오!"라고 말해준다.

한편 스스로를 격려하는 작업을 하다 보면 이런 의문이 들 때도 있다. 격려를 받고 있는 것이 '나'인가? 아니면 격려를 하고 있는 것이 '나'인가? 어느 쪽이 진정한 자신인지, 그것을 깨달을 수 있다면 어떤 슬럼프가 와도 좌절하지 않을 것이다.

POINT 시련이 클수록 정말로 의지해야 할 존재는 '자신'뿐임을 깨닫게 한다.

"말로 내뱉으면 행운도 도망갑니다."

자만이나 자화자찬을 삼가기를 바랄 때

　자랑이나 자화자찬을 늘어놓기 좋아하는 사람에게는, "말로 내뱉으면 모처럼의 행운도 도망갑니다!"라고 충고해주고 있다. 정말로 행운이 도망가버리기 때문이다.

　예를 들어 "○○에서 큰일이 들어왔습니다!" 하고 자랑하며 주변에 떠들고 다녔는데, 며칠 후 갑자기 그 일이 취소된다거나, "○○에서 주문이 들어왔어!"라고 기뻐했는데, 그 회사가 파산이 된다거나…. 돌이켜보면 그런 일들은 적지 않았다. 그래서 부하 직원이나 후배에게 그런 징크스를 이야기해주었다. 말로 내뱉기 전에 행운에도 성실함과 신중함이 필요하다는 사실을 기억해야 한다.

주변에 자화자찬을 늘어놓는 사람이 있다면 이 한마디를 해주자. 상대가 놀라서 틀림없이 입을 다물 것이다.

"말로 내뱉으면 모처럼의 행운도 도망갑니다."

진정한 부자일수록 자랑이나 자화자찬과는 인연이 멀다. 화려한 언행보다는 내실을 다지는 데 집중하기 때문이다.

반면, 가슴을 답답하게 만드는 화제는 몸 밖으로 쫓아내듯 마음껏 이야기하는 것이 좋다. 몸과 마음의 건강을 위해서도 고민이나 스트레스는 털어버려야 한다.

POINT '자화자찬'은 질투를 부르고 '고민'은 건강을 해친다.

불안이나 걱정을 떨쳐버리기를 바랄 때
자신의 감정에 휘둘리고 있을 때

"내일 죽는다는 각오로 현재를 살아라!"

마하트마 간디가 남긴 말인데 사실 최선을 다해 살려면 '자신이 살아 있다'는 감각조차 방해가 된다. 젊은 시절에 이 메시지의 의미를 알게 된 이후, 나는 불안이나 걱정에 싸여 있는 사람을 만나면 이런 말을 해왔다.

"언제든지 모든 것을 놓아버릴 용기가 있으면 두려운 것도 없습니다!"

"언제든지 모든 것을 놓아버릴 각오가 있다면 마음을 짓누르는 고민도 사라질 것입니다!"

"언제든지 모든 것을 놓아버릴 각오가 있으면 그 문제는 더 이상 문제가 되지 않을 것입니다!"

불안이나 걱정을 끌어안고 있는 사람이나 자신의 감정에 휘둘리는 사람들은 극도로 변화를 두려워한다. 즉, 자신의 지위나 명예, 소유물, 재산, 그리고 건강을 잃는 것을 두려워하거나 지금까지의 인간관계에 변화가 생기는 것을 두려워한다. 심지어는 자신에 대한 상대의 평가가 바뀌는 것도 두려워한다. 즉, "○○가 되면 어떻게 하지?"라는 주술에 얽매여 있는 것이다.

물론 나 자신이 '변화를 두려워하는 사람'이었기 때문에 두려워하는 마음은 충분히 이해할 수 있다. 하지만 그래서는 불안이나 걱정이 더욱 커져서 그 감정에 계속 끌려가거나 휘둘리게 될 뿐이다.

나는 언제든지 모든 것을 놓아버릴 각오(용기)로 살기 위해 노력했다. 그랬더니 '장래'에 대한 불안이나 걱정이 점차 사라졌고 무슨 일을 하더라도 긴장하지 않게 되었다.

따라서 "○○가 되면 어떻게 하지?"라는 주술에 얽매여 불안과 걱정에 휩싸여 있는 사람에게는 이 한마디를 들려주도록 하자.

"언제든지 모든 것을 내던질 각오를 하십시오."

즉효성은 기대하기 어려울 수도 있다. 우리는 기본적으로 인생 경험을 통하여 서서히 이해하고 납득하고 변화하며 성장하는 존재이기 때문이다. 그래도 과거에 들은 한마디가 뇌리를 스치며 깨달음을 얻게 되는 순간이 있듯, 당신이 들려준 한마디도 언젠가 반드시 상대에게 도움이 될 것이다.

POINT 잃어버릴 것이 없기 때문에 운명에 농락당하지 않는다.

Chapter 5

결과를 이끌어내는 한마디

×

일류 리더들은 이 말을 한다

"머리와 마음을 전환하십시오!"

결과를 이끌어내기를 바랄 때

지금까지 만났던 다양한 사람들을 크게 두 가지 타입으로 구분한다면 '닫힌 마음'과 '열린 마음'으로 나눌 수 있을 것이다.

'닫힌 마음'은 마음(기분)보다 머리(지식)에 무게를 두고 있는 타입이다. 문자 그대로 마음을 닫고 감정을 그다지 드러내지 않는다. 그래서 상대에게 냉정하다는 인상을 주고, 무슨 생각을 하고 있는지 알 수 없다는 인상을 준다. 두뇌파이고 이지적이기 때문에 미신 따위에는 얽매이지 않는다. 지시나 명령도 로봇처럼 충실하게 따라주기 때문에 믿음직스럽게 느껴진다. 그러나 뒤집어보면, 융통성이 전혀 없다….

한편 '열린 마음'은 머리(지식)보다 마음(기분)에 무게를 두고 있다. 즉시 마음을 열고 대화할 수 있는 타입이며, 감정 표현도 풍부하다. 상대의 마음을 살피면서 자신의 판단과 행동을 결정할 수 있기 때문에 눈치가 빠르고 유연성이 풍부하다. 하지만 그것은 결점이기도 하다. 자신이나 상대의 마음에 지나치게 민감해서 감정과 기분에 휘둘리는 경향이 있기 때문이다.

그렇다고 어느 쪽이 옳고 어느 쪽이 그르다는 말을 하려는 것은 아니다. 머리로 승부를 걸어야 할 것인지, 아니면 마음으로 승부를 걸어야 할 것인지 상황에 따라 '전환'하는 것이 중요하다.

접객을 할 때 마치 로봇처럼 매뉴얼대로 행동해서 좀처럼 결과를 내지 못하는 사람이 있다. 그런 접객 태도는 고객에게 '매뉴얼대로 움직인다'는 느낌밖에 주지 못한다. 그래서 나는 이렇게 지도하고 있다.

"고객의 마음을 움직이는 것은 당신의 마음(기분)이겠지요? 머리로 생각하면서 판단하고 행동하는 것이 아니라 고객의 마음속을 헤아리면서 무엇을 해야 할 것인지 자신의 마음에 물어본 뒤 그 마음을 중심으로 판단하고 행동하십시오! 접객을 할 때는 마음을 전환시켜야 합니다!"

또 부하 직원이나 후배에게도 이런 식으로 조언한다.

"비즈니스에서는 회의나 상담 등 머리를 사용해야 하는 상황과 접객이나 영업 등 마음을 적극적으로 사용해야 하는 상황이 있습니다. 머리로 승부를 해야 하는 상황인지, 아니면 마음으로 승부를 해야 하는 상황인지를 판단해서 의식적으로 머리와 마음을 전환시키지 않으면 기대한 만큼의 성과를 올리기는 어렵습니다!"

POINT 머리로 승부를 낼 것인지, 아니면 마음으로 승부를 낼 것인지를 판단한다

"처음의 목적은 무엇이었습니까?"

결혼 전에는 "당신을 행복하게 해주고 싶어!"라고 순수하게 생각했는데 결혼 후에는 "내가 행복해지고 싶어!"라는 태도로 변한다.

"세상을 위해, 사람들을 위해!"라는 열정을 가지고 창업을 했는데, 세상의 주목을 받는 순간 "회사의 이익을 위해! 다른 회사를 앞지르기 위해!"라는 자세로 바뀐다.

우리는 자신이 깨닫지 못하는 동안에 목적이나 동기가 바뀐다. 그래서 나는 대화를 하다가 상대의 언행에 위화감을 느꼈을 때에는 교정해주기 위해 이런 식으로 확인을 한다.

"처음의 동기나 목적은 무엇이었습니까?"

물론 나 자신의 판단이나 행동에 대해서도 비슷한 자문자답을 하고 있다. 그렇지 않으면 나도 모르는 사이에 목적이나 동기가 바뀌어버리기 때문이다.

하지만 지금은 변화가 너무 심한 시대다. 행동도 상황에 따라 변할 수 있다. 그러나 언행이 수시로 바뀌면 상대에게 '변덕이 많은 사람'이라는 인상을 주어 불신감을 초래할 수도 있다. 그래서 이런 식으로 조언하고 있다.

"말씀이 좀 바뀌셨지만 목적은 전혀 바뀌지 않았군요!"

"행동은 약간 바뀌었지만 동기는 전혀 바뀌지 않았네!"

여러분도 변화가 많은 사람의 불안감을 불식시키고 본래의 동기를 돌아보게 해주고 싶을 때에 이 한마디를 한번 사용해보는 것이 어떨까? '신뢰'를 잃지 않고 힘을 실어줄 수 있는 말이다.

POINT 상대가 언행이 바뀐 모습을 보일 때는 원점으로 돌아가서 생각하게 한다.

"자신을 정반대로 바꾸어보면 어떻겠습니까?"

자기혐오에 빠져 있는 사람을 격려할 때

세일즈 프로모션을 진행할 때 이런 경험이 있었다. 매장 내의 특설 코너 무대에 올라가 마이크를 들고 상품 홍보를 했으나 고객이 전혀 모이지 않았다. 호기심을 가지고 다가오기보다, 오히려 경계를 하는 듯했다. 그럴 때에는 간판이나 기둥 뒤에 모습을 감추고 상품 홍보를 했다. 그러자 고객도 안심을 하고 다가와주었다.

만약 그래도 고객이 다가오지 않는다면, 마이크를 사용하지 않고 큰 소리로 상품 홍보를 했다. 그러면 고객도 더 안심을 하고 가까이 다가와주었다.

그렇게까지 했는데도 고객이 전혀 모여들지 않는다면? 나는 화장실에 가는 척하고 특설 코너에서 모습을 감추었다. 잠시 후, 특설 코너에는 고객이 가득 모여들었고, 상품을 집어들며 흥미를 보였다. 편안한 분위기에서 신중하게 상품을 사려는 사람들이 많은 것이다.

접객이나 판촉 행사를 통하여 깨달은 점이 있다. 성공 공식을 따르지 않고 정반대의 방식을 이용했을 때 좋은 결과가 나오는 경우가 얼마든지 있다는 사실이다.

그래서 일이 뜻대로 진행되지 않아 고민하는 사람에게 나는 이렇게 조언한다.

"그렇다면 자신을 정반대로 바꾸어보면 어떻겠습니까?"

"정반대의 방법을 써보십시오."

어느 유명인사가 이런 말을 해주었다.

"진심으로 자신을 바꾸고 싶다면 지금과는 정반대로 행동해보아야 합니다!"

예를 들어 저녁형 인간에서 아침형 인간으로 바꾼다. 육식에서 채식으로 바꾼다. 안경을 벗고 콘택트렌즈로 바꾼다. 긴 머리카락을 짧게 자른다. 독서를 싫어했지만 독서를 취미로 바꾼다. 지금까지는 인사를 잘 하지 않았는데 틈이 있을 때마다 인사를 한다. 어쨌든 정반대로…. 그 덕분에 이전에는 사람들에게 큰 호감을 얻지 못했는데 지금은 인기인이 되었다고 한다.

맞는 말이다! 성과가 없는 방식을 고수하기보다 때로는 과감한 결단을 해야 할 때가 있다.

POINT 완전이 정반대로 행동한다. 어정쩡하게 바꿔서는 큰 성과를 기대할 수 없다.

"저도 인간이기 때문에….."

**상대를 위로하고 싶을 때
순수하게 받아들여주기를 바랄 때
일이 뜻대로 되지 않았을 때**

우울한 기분에 잠겨 있는 사람의 마음을 위로하려고 했는데, "○○ 씨가 제 마음을 어떻게 아십니까?"라는 소리를 들었다. 이런 식으로 반발을 하면 다음 말을 할 수 없다.

그래서 "어느 정도 이해할 수 있습니다. 저도 ○○ 씨와 같은 인간이기 때문입니다."라고 말해주었다.

상대가 "○○ 씨는 이 고통을 이해하지 못하실 겁니다….."라고 또다시 반발한다면 "저도 ○○ 씨와 같은 인간이기 때문에 죽고 싶을 정도의 큰 슬픔을 경험한 적이 한두 번이 아닙니다."라고 말한다.

이런 식으로 나는 늘 '같은 인간의 입장으로 상대를 대한다'는 마음으로 사람들과 이야기를 나누거나 상담을 진행해왔다. 그러면 상대도 순수하게 내 말을 납득해주었다.

이 한마디는 어떤 일에 실패하거나 일이 뜻대로 되지 않았을 때도 효과적이다. 한번은 신입 사원에게 모범적인 판매 방식을 선보이려 했지만 그날은 유난히 고객이 모이지 않아 체면이 구겨졌다. 언제 어디서나 '모범적인 판매'를 보여줄 수 있는 것은 아니다.

그럴 때는 "나도 인간이니까 실패하는 경우가 있습니다."라고 말하면 신입 사원이 묘한 표정을 지으면서도 내 말을 이해해주었다.

POINT '같은 인간'으로서 상대하면 거부당하지 않는다.

"반드시 자신감을
손에 넣으십시오!"

자신감을 가지게 하고 싶을 때

전국 각지의 매장에서 세일즈 프로모션을 진행했던 경험이 있는데, 사실 현장에 나가기 전에 책상 앞에 앉아 교육을 받을 때만 해도 스스로 참가자들 중에서 가장 적성이 맞지 않는다고 생각했다.

그리고 불안감을 끌어안은 채 현장으로 나갔다. 고객을 상대할 때마다 실수를 연발하는, 누가 보아도 비참한 모습이었다. 단 한 번의 현장 연수를 끝내고 나서 '내게는 도저히 무리야. 포기하자.'라는 생각이 들 정도로 의기소침해질 수밖에 없었다.

하지만 그런 내가 이후부터 전국 각지의 매장에서 매상 기록을 경신하면서 특별 지명을 받을 정도의 커다란 실적을 올렸다. 그 계기는… 성공 체험 덕분이었다. 즉, 처음으로 판매를 할 수 있었던 경험이다.

상품은 당시 '전국에서 가장 싸다'고 알려져 있는 2천 원 (약 200엔)짜리 아이브로펜슬eyebrow pencil이었다. 단 2천 원짜리 상품이었다. 그러나 내게 있어서 그것은 200만 원, 300만 원, 아니 그 이상의 가치였다. '자신감'을 얻었기 때문이다.

"하면 된다!"는 자신감을 가지게 된 이후, 그 자신감이 계기가 되어 나의 화려한 진격이 시작되었다. 1인당 평균 매상이 2만 원~3만 원 정도인데 전국 각지에서 여고생에서부터 할머니에 이르기까지 여성 고객을 상대로 하루의 매상 목표가 200만 원이었던 것을 300만 원 이상으로, 400만 원이었던 것을 500만 원 이상으로 매상 기록을 경신했다.

그래서 기업에서 인재 육성을 담당하고 있는 책임자들에게는 다음과 같이 말하고 있다.

"현장에 처음 데뷔한 신입 사원은 당연히 실패를 합니다. 따라서 성공 체험을 경험하기 어렵습니다. 그러니까 처음부터 큰 목표를 제시하면 '불가능해!'라는 생각에 자포자기할 것입니다. 따라서 반드시 '성공할 수 있는 기회'를 갖도록 해주어야 합니다. 본인이 '자신감'을 갖추게 되면 가만히 내버려두어도 그때부터는 알아서 성장합니다."

한편 앞으로 현장에 데뷔할 신입 사원들에게는 이런 메시지를 전한다.

"여러분에게 큰 성공은 바라지 않습니다. 작은 성공 체험으로도 충분합니다! 그 대신, 반드시 '자신감'을 손에 넣으십시오!"

POINT 눈에 보이는 결과보다 마음에 끼치는 영향을 중시한다.

"그렇다면
전임자를 찾아가야지요!"

일이 원만하게 진행되지 않아 고민하고 있을 때

잡지 편집자 겸 기자로 일했던 시절, 몇 가지 연재를 이어 받아 진행하게 되었다. 그때까지 기자 활동이 중심이었던 나는 '저명인사, 전문가, 저널리스트 등 집필자들에게 기획안을 제시하고 원고를 받아 지면에 게재하면 되겠지.'라고 안일한 생각을 했다. 그렇게 연재를 이어받았는데 내가 얼마나 큰 착각을 했는지 곧 깨달았다.

그 당시 외부의 원고는 육필로 직접 쓰는 경우가 대부분이었다. 그런데 어떤 선생님의 원고를 팩스로 받았더니 지나치게 달필이어서 전혀 알아볼 수가 없었다. 큰 실례가 되는 말이지만 마치 지렁이가 기어가는 듯한 필체에 완전히 두 손을 들 수밖에 없었다.

그래서 그 선생님에게 "어떻게 읽어야 좋겠습니까?" 하고 조심스럽게 물어보았더니 "당신이 그러고도 편집자요?"라며 화를 냈다. 그리고 사장실로 불려가 "자네가 그러고도 우리 회사의 편집자인가?"라는 꾸지람을 들었다. 상사를 찾아가 상담을 했더니 "그런 문제라면 나를 찾아올 것이 아니라 전임자를 찾아가야지."라고 했다. 전임자를 찾아갔더니 판독이 거의 불가능한 그 원고를 멋지게 '번역'해 주었다.

전임자가 말하기를, "원고를 보고 깜짝 놀랐지? 나도 처음에 담당하게 되었을 때에는 이게 도대체 어느 나라 말인가 싶었어. 어이가 없었다니까.(웃음) 그래서 육필 원고를 워드 프로세서 원고로 만드는 데만도 상당한 시일이 걸렸지. 하지만 원고를 계속 대하다 보니 점차 익숙해지더라고. 너도 계속하다 보면 익숙해질 거야. 걱정하지 마."

그리고 다른 집필자에 관해서도 이런저런 충고를 해주었다.

"이분은 문장이나 구두점을 함부로 바꾸는 걸 아주 싫어해. 따라서 문장을 손볼 때에는 그전에 반드시 승낙을 받아야 해. 그리고 저녁에는 전화를 받지 않으니까 연락할 일이 있으면 아침에 하도록 해."

"이분은 마감일을 지키지 않으니까 무조건 빨리 의뢰하는 쪽이 좋아. 그리고 ○○에 관해서는 전문가 수준이니까 한번 만나봐."

"이분은 원고를 팩스로 주고받는 것보다 직접 사무실로 찾아오기를 바라는 분이야. 그리고 처음 방문할 때에는 ○○에서 만드는 과자를 사 가지고 가. 그 과자를 좋아해."

이런 조언을 듣고 정말 힘든 일을 맡게 되었다는 생각이 드는 한편, 사장이나 상사보다 전임자가 가장 '위대한 사람'으로 느껴졌다. 그래서 일이 원만하게 진행되지 않아 고민하고 있는 신입 사원이나 후배에게는 "그렇다면 전임자를 찾아가야지!"라고 조언을 해주고 있다.

POINT 실제 현장을 경험한 사람에게 물어보는 것이 가장 확실하다.

"확신하십니까?"

무엇인가 부탁을 할 때
결과를 확실하게 하고 싶을 때

"매상을 늘리려면 무엇을 해야 좋을까요?"

"매장을 번성시키려면 어떻게 해야 좋을까요?"

가끔 이런 상담을 받을 때가 있는데, 그럴 때 나는 반대로 질문을 한다.

"그 상품을 한 번이라도 사용하면 '반드시 또 사용하게 된다'는 확신이 있습니까?"

만약 확신이 없다면 상품을 기획하고 개발하는 데서부터 다시 생각해야 할 필요가 있을 것이다.

"그 식사를 한 고객이 '반드시 또 먹으러 올 것'이라는 확신이 있습니까?"

만약 그런 확신이 없다면 메뉴를 다시 고민해봐야 할 필요가 있다.

"그 서비스를 이용한 고객이 '반드시 단골이 될 것'이라는 확신이 있습니까?"

만약 그런 확신이 없다면 서비스 내용 자체를 다시 생각해보아야 한다.

이런 말을 하는 이유는, 성공한 매장 경영자들은 자신의 상품(음식)에 대한 확신을 바탕으로 승부(판단, 행동)를 걸고 있기 때문이다.

성공할 확률이 높으면 높을수록 외부인을 찾아가 상담할 필요가 없다. 그 결과를 스스로 확신할 수 있기 때문이다. 성공을 하는가, 그렇지 않은가 하는 것은 그 일을 하는 사람이 '어느 정도의 확신을 가지고 있는가'에 따라 좌우된다고 해도 지나친 표현이 아니다.

한편 신입 사원과 베테랑 사원이 똑같은 접객을 하고 있는데 결과가 전혀 다른 경우가 있다. 극단적인 예지만 고객을 대하는 언행은 똑같은데도 신입 사원에게는 불만이 들어오고 베테랑에게는 감사의 문자가 날아온다…. 그 이유는 신입 사원은 불안과 걱정을 안고 고객을 대하는 경우가 많기 때문이다. 이래서는 고객에게도 불안과 걱정이 전이되기 때문에 불만이 나올 수밖에 없다.

하지만 베테랑 사원은 확신을 가지고 고객을 상대한다. 아무리 똑같은 언행을 한다고 해도 각자의 마음가짐에 따라 결과는 달라진다.

나는 지금까지의 인재 육성을 통해서도 프로와 아마추어의 차이가 '확신의 차이'에 있다는 것을 뼈저리게 실감했다. 그래서 중요한 일을 맡길 때에는 "반드시 해낼 수 있다는 확신이 있습니까?", "상대를 반드시 만족시킬 수 있다는 확신이 있습니까?"라고 물어본다.

POINT 아무리 똑같은 언행을 보이더라도 그 사람이 가진 확신에 따라 결과가 달라진다.

정보에 휘둘리고 있을 때
냉정한 판단력을 갖추기를 바랄 때

인터넷이 등장하면서 다방면으로 정말 편리한 사회가 되었다. 한편으로는 다양한 정보들이 범람하여 소문이나 거짓을 안일하게 믿어버리거나 정보에 휘둘리기도 한다. 따라서 그것이 거짓인지 진실인지, 먼저 진위를 확인하는 자세를 갖추어야 한다.

나는 과거에 매스컴 업계에서 기자와 편집자로 일했던 경험이 있다. 당시 신입 사원으로 막 입사했을 때는 상사로부터 다양한 지도를 받았다.

"기사는 발로 쓰는 거야!"

"자신이 취재한 것 이외에는 믿지 마!"

"반드시 당사자를 인터뷰해!"

"다른 지면에 씌어 있는 기사를 베껴선 안 돼!"

"신문에는 사실은 씌어 있어도 진실은 씌어 있지 않다는 걸 기억해!"

"반드시 근거를 취재해."

예를 들어 신뢰했던 사람으로부터 기삿거리(정보)를 제공받고 그것을 완전히 믿었는데 실제로 직접 취재해보았더니 사실과는 전혀 다른 경우가 있었다. 또 대기업 신문사가 발행하는 전국지나 유명한 출판사가 발행하고 있는 월간지와 주간지에 게재된 기사라서 흥미를 가지고 보강 기사를 쓰고 싶었는데, 실제로 직접 취재를 해보니 사실이나 해석이 전혀 다른 경우도 있었다.

이뿐인가? 평판이 좋지 않은 사람을 실제로 직접 만나서 취재해보았더니 그 사람의 평판을 깎아내리려고 어떤 사람이 일부러 거짓 소문을 낸 경우도 있었다.

그래서 나는 "○○ 씨는 ○○에 관하여 이렇게 말했습니다!", "○○에는 이렇게 씌어 있습니다!", "○○는 ○○인 것 같습니다!", "인터넷으로 조사해보았더니 ○○인 것 같습니다!"라는 식으로 정보를 베낀 듯한 느낌이 들 때에는 이렇게 한마디를 묻는다.

"실제로 직접 확인해보셨습니까?"

매스컴 업계뿐만 아니라 비즈니스, 일상생활에서도 놓치지 말아야 할 부분이다.

POINT '만약 진실이 아니라면?'이라는 자세로 정보를 확인한다.

"○○해보는 쪽이
좋을지도 모르겠군요."

"반드시 ○○하는 것이 좋습니다!"

"그런 행동은 그만두십시오!"

"그 방식은 잘못된 것입니다!"

상대를 위한다는 생각으로 조언을 하거나 충고를 해도 말에 신경을 쓰지 않으면 오히려 반발을 사거나 상대에게 상처를 입히게 된다. 자칫 신뢰 관계가 무너질 수도 있다.

그렇다면 어떻게 말해야 할까?

"○○일지도 모릅니다."

"○○가 아닐까요?"

이런 표현으로 바꾸어보는 것이다. 이렇게 하면 상대에게 주는 인상도 부드러워진다. '밀어붙이는' 느낌이 없어지기 때문이다.

"당신이 잘못한 것인지도 모르지요."

"방식을 바꾸어보는 것이 좋을지도 모르지요."

"좀 더 냉정하게 생각하는 쪽이 나을지도 모르지요."

이렇게 자신의 의견을 밀어붙이는 것보다는 '스스로 깨닫게 하는' 자세를 갖추는 것이다.

물론 나도 연수 현장에서 이를 활용한다.

"그것은 ○○해보는 것이 좋을지도 모릅니다!"

"그것은 ○○로 개선해보는 쪽이 나을지도 모릅니다."

"그것은 ○○로 바꾸는 쪽이 낫지 않겠습니까?"

그렇게 하면 모두 "그렇군요!" 하고 고개를 끄덕이며 내 조언을 순순히 받아들여준다.

POINT 밀어붙일수록 반발을 부른다.

"○○ 씨의 전수를 받아보는 게 어떨까요?"

꿈이나 희망을 실현시키기를 바랄 때

운동선수로서의 꿈을 실제로 이룬 사람이 어린 시절에 동경했던 선수로부터 직접 지도를 받았다거나, 존경을 받는 사업가가 젊은 시절에 존경했던 사업가의 훈시를 받았다고 고백하는 경우가 더러 있다.

실제로 성공한 사람들 중에는 그 분야에서 활약하고 있는 사람을 만나 나름대로 '전수를 받은' 경우가 많다고 한다. 진심으로 꿈을 실현시키고 싶으면 그 분야에서 활약하고 있는 사람을 실제로 만나 전수를 받는 것이 절대 조건이라고 해도 지나친 표현이 아니다.

그래서 나도 다음과 같은 조언을 해왔다.

"대선배인 ○○ 씨처럼 되는 게 목표라면 그의 전수를 받으십시오!"

"베테랑 ○○ 씨를 존경한다면 그를 찾아가 노하우 전수를 받아야 합니다!"

내가 아는 한, '전수'를 받으러 달려간 사람들은 자신의 꿈이나 목표가 확실하다. 그렇기 때문에 전수를 받고 자기실현까지 이어진 것이다.

"부하 직원은 상사를 선택할 수 없다."거나 "상사가 너무 목표 지향적이다."라는 불평을 자주 듣곤 하는데, 그런 고민을 털어놓는 사람에게는 다음과 같이 격려해주자.

"그는 베테랑입니다. 그의 전수를 받으면 좋은 공부가 될 것입니다!"

때로는 상사에 대한 긍정적 시선도 필요하다. 왜냐하면 상사에게는 본인이 바라건 바라지 않건 많은 영향을 받기 때문이다.

POINT 동경하는 사람과의 접촉은 자기실현을 이룰 수 있는 매우 중요한 과정이다.

"당신의 인간성이 드러나는 것입니다."

주의나 지도를 무겁게 받아들이기를 바랄 때

어느 날 접대를 받게 되었다. 동석한 부하 직원이 상대의 식사 속도를 무시하고 쩝쩝거리는 소리를 내면서 자신이 좋아하는 음식만 정신없이 먹더니 밥 한 그릇을 더 추가했다.

그래서 상대가 잠시 자리를 비운 사이에 이런 식으로 꾸짖어볼까 생각도 했다.

"이 사람아! 식사는 같이 먹는 사람들과 페이스를 맞추어야 하는 거야! 그리고 쩝쩝거리는 소리 좀 내지 마! 자네는 예의도 모르나? 자네의 입장과 상황을 좀 생각하라고!"

하지만 단 한마디, 이렇게 말했다.

"식사 예절에 자네의 인간성이 드러나는 거야."

그러자 이후로 부하 직원이 예의 바른 비즈니스맨의 모습을 보여주었다. 또 한번은 말투가 거친 부하 직원이 있어 어떻게 바로잡아줄까 고심했다.

"말투가 그게 뭡니까? 존댓말도 제대로 못 배웠어요?"

이런 식으로 꾸짖고 싶었지만 그랬다가는 내일부터 눈도 마주치지 않을 것 같아서 조용히 한마디를 건넸다.

"말투에 당신의 인간성이 드러나는 것입니다."

모두가 청소를 할 때에도 "구석구석까지 청소해야 합니다!"라는 말로는 영향이 크지 않다. 그래서 딱 한마디를 한다.

"청소를 하는 데서도 그 사람의 인간성이 드러납니다!"

'인간성'이라는 말에는 무게가 있기 때문에 모두 무겁게 받아들이고 좋은 모습을 보이려고 애를 쓴다.

이 말은 칭찬을 할 때도 사용할 수 있다. 일을 말끔하게 처리한 부하 직원에게 이렇게 말해준다.

"일처리에 ○○ 씨의 성실한 인간성이 잘 드러나 있어!"

'인간성'을 칭찬받고 기뻐하지 않는 사람은 없다.

POINT '인간성'이라는 말을 이용해 상황을 진지하게 받아들이게 한다.

"어쨌든 스스로 선택한 일이지 않습니까?"

자신의 일이나 자신이 다니는 회사 또는 상사에 대한 불평만 계속 늘어놓는 사람에게는 이 한마디를 한다.

"어쨌든 스스로 선택한 회사이지 않습니까?"

그렇게 하면 조용해진다.

자신의 남편이나 아내에 대한 불평만 늘어놓는 사람에게도 역시 한마디를 해준다.

"하지만 스스로 선택한 배우자이지 않습니까?"

그렇게 하면 마찬가지로 조용해진다.

우리는 '스스로 선택을 하면서 현재에 이르렀다'는 사실을 종종 잊어버리기 쉽다. 그렇기 때문에 '스스로 선택한 것'이라는 사실을 깨닫게 하면 남 탓을 하지 않는다.

회사가 내걸고 있는 목표나 부서에서 정한 목표를 달성하도록 직원들을 독려해야 할 때, 관리직에 있는 사람들은 대부분 이런 고민을 끌어안고 있다.

"부하 직원의 의욕이 너무 낮습니다!"

"책임을 가지고 직무에 임해야 하는데 그렇지 않습니다!"

"직무에 대한 사명감이 없습니다!"

그게 고민이라면 목표도 스스로 정하게 해야 한다.

"스스로 선택한 목표 아닙니까?"

이런 말을 듣는다면 끝까지 그 일을 완수할 수밖에 없다.

덧붙여, 연수교육에서는 "회사나 상사가 정한 목표뿐 아니라 반드시 스스로 정한 자신의 목표를 가지고 일을 해야 합니다. 물론 꿈이나 희망이라도 상관없습니다. 그렇게 하면 일에도 최선을 다할 수 있습니다."라고 말해주고 있다.

POINT 무슨 일이든 스스로 선택했다는 점을 깨닫게 한다.

**"○○ 씨는
이렇게 하셨습니다!"**

지적하거나 주의를 줄 때

상사나 선배, 거래처 등 자신보다 입장이나 지위가 높은 사람에게 주의나 지적을 하는 경우에는 아무래도 신경이 쓰인다. 주의나 지적은 그것이 아무리 올바른 내용이라 해도 상대방을 불쾌하게 만들 우려가 있기 때문이다.

"경험도 없으면서 건방지게."

"지위도 낮은 사람이 잘난 척은!"

"실적도 못 올리면서 말은 잘하네!"

이런 식으로 받아들여진다면 그 후의 인간관계는 어색해진다. 따라서 중요한 문제가 아닌 한 대부분의 경우 주의나 지적 자체를 삼가려 한다. '저건 잘못된 거야!' '이게 맞아!' '나는 이렇게 생각하는데…' 마음속으로는 이렇게 생각하지만 말로 표현하지 못하고 눌러 참는다.

이럴 때에는 다른 사람의 '위광威光'을 빌리자. 예를 들어 평사원이 과장 등의 직속 상사에게 주의나 지적을 하고 싶은 경우에는 "부장님은 이렇게 말씀하셨는데요!", "사장님은 평소에 이렇게 말씀하시던데요!"라는 한마디로 당신의 의견에 동의하게 만들 수 있다.

또 선배에게 주의를 환기시키거나 지적을 하고 싶은 경우에는 "○○ 씨는 그걸 싫어하셨습니다!", "○○ 씨는 이런 걸 바라시던데요!", "○○ 씨는 이런 기대를 하던데요!"라고 덧붙인다. 선배가 무시할 수 없는, 또는 선배에게 영향력을 가진 누군가의 위광을 적절하게 활용할 수 있다면 '주의나 지적을 하려는' 당신의 목적도 충족시킬 수 있다.

정체원을 운영하는 나도 일방적으로 고객에게 지적을 하면 오해를 부를 수 있기 때문에 건강을 더 철저하게 관리하기를 바랄 때에는 "○○하면 안 됩니다!"라는 식으로 직설적으로 말하지 않고 "저명한 의사 선생님이 ○○하는 쪽이 좋다고 말씀하시더군요."라거나 "○○ 씨(유명인사)는 ○○를 실천해서 효과를 보았다고 합니다."라는 식으로 누군가의 위

광을 빌려서 표현한다. 자신이 하고 싶은 말을 일방적으로
표현하는 것이 아니라 영향력 있는 누군가의 위광을 빌리면
서 상대의 기분을 배려할 수 있도록 신경을 써야 한다. 상대
를 불쾌하게 만들어버리면 그것이 아무리 올바른 말이라고
해도 '상대방이 건강해지기를 바라는' 이쪽의 목적을 이루기
어렵다. 물론 상대방이 누구이건 때로는 본인의 양심을 믿고
냉정하게 주의나 지적을 해야 하는 경우도 있다. 그것을 부
정하고 싶은 생각은 없다.

POINT 다른 사람의 위광을 빌리면 오해가 발생하지 않는다.

"그렇기 때문에 ○○할 수 있었습니다."

상대에게 좋은 인상을 주고 싶을 때
전향적인 자신을 연출하고 싶을 때

나는 '재취업 교육' 세미나 강의도 하고 있다. 강의를 하고 나면, 면접관의 기분을 상하게 하고 싶지 않다는 이유에서 "사실을 솔직하게 말할 수 없습니다."라거나 "취업에 불리한 내용이 있는데, 거짓말을 하거나 사실을 감추는 쪽이 낫지 않겠습니까?"라고 상담을 해오는 경우가 많다.

그럴 때에는 "백점만점의 완벽한 인생은 없습니다. 그러니까 지금까지의 경험을 모두 긍정하고 어떤 가치를 발견하였는지를 말하는 것이 중요합니다!"라고 말해준다.

예를 들어 면접관으로부터 "전에 다니던 회사는 왜 그만

됐습니까?"라는 질문을 받고 솔직하게 "인간관계가 원만하지 못했기 때문입니다."라고 말하면, 면접관은 '우리 회사도 인간관계 때문에 그만두는 게 아닌가?' 하는 생각에 불안감을 느낄 것이다. 그러나 "그렇기 때문에 언행에는 신경을 써야 한다는 사실을 뼈저리게 배웠습니다."라고 긍정적인 한마디를 덧붙일 수 있다면 상대에게 주는 인상은 완전히 바뀔 것이다.

또 "건강이 안 좋아서 퇴사한 것입니까?"라는 질문을 받고 "네."라고만 대답한다면 역시 면접관은 '이런 사람을 입사시켜도 되는 걸까?' 하는 불안감을 느낄 것이다. 그러나 "그렇기 때문에 지금은 자기관리를 철저하게 하고 있습니다. 지금은 누구보다 건강에 자신이 있습니다."라고 가슴을 펴고 말할 수 있다면 상대의 불안감도 사라질 것이다.

그리고 면접관이 "이직이 많았네요?"라고 난색을 보이더라도 "다양한 회사를 경험했기 때문에 일에는 무엇이 중요한지, 그 공통점을 알게 되었습니다."라고 말할 수 있다면 면접관도 납득하는 표정을 지어보일 것이다.

또 다른 사람이나 회사에 대해 비판적인 의견을 한껏 늘어놓은 뒤에 "그래도 ○○를 경험했기 때문에 정말 다행이라고 생각합니다.", "하지만 ○○에 관해서 많은 공부를 할 수 있었기 때문에 진심으로 감사하고 있습니다."라는 식으로 마지막에 한마디를 덧붙인다면 긍정적인 사람이라는 인상을 주거나, 혹은 '전향적인 사람이구나.' 하고 감탄을 이끌어 낼 것이다.

모든 사건을 긍정할 수 있어야 모든 경험에서 배울 수 있다. 긍정적인 사람일수록 현실(경험)을 적극적으로 긍정하면서 살아간다. 긍정적인 한마디를 마지막에 덧붙이는 것만으로 당신의 인상도 완전히 바뀔 수 있다.

POINT 모든 것을 긍정할 수 있으면 '인생에는 쓸모없는 것이 없다'는 사실도 깨닫게 된다.

"그 마음도 상대에게 전파됩니다!"

패배감에 휩싸여 있을 때

"그 친구는 건강하게 잘 지내고 있으려나…?"

이런 생각을 하고 있을 때 마침 그 친구로부터 연락이 온다.

"그 사람을 대할 때 좀 편했으면 좋겠는데….'

이렇게 생각만 했을 뿐인데 상대의 태도가 점차 바람직한 방향으로 바뀐다.

여러분도 이런 비슷한 경험이 있지 않을까?

"이건 정말 멋진 아이디어야! 다른 회사에서 상품이 먼저 나오면 안 되는데….'

즉시 회의를 열고 프레젠테이션을 했는데, 며칠 후 다른 회사에서 상품화되었다.

생각이나 이미지는 전파된다! 그래서 언제까지나 불평만 하거나 우물쭈물 망설이기만 하거나 패배감에 휩싸여 있는 사람이 있다면 재빨리 한마디를 해준다.

"그 마음도 상대에게 전파됩니다!"

마음속에서는 늘 다양한 감정이나 생각이 고개를 치켜든다. 어떤 경우에도 '평상심'을 유지한다는 것은 매우 어려운 일이다. 자신의 마음을 완전히 관리하는 것만큼 어려운 일은 없다. 따라서 '자신과의 싸움'을 자각하고 보다 전향적인 자세를 취해 패배감을 털어낼 수 있어야 할 것이다.

POINT 마음의 상태는 당신의 판단이나 행동은 물론이고 인생까지 바꾼다.

"당신이 진심이 아니면 저도 진심이 될 수 없습니다."

진심으로 행동하기를 바랄 때

"올해는 꼭 승진을 했으면 좋겠어요!"

"바리스타가 되는 게 꿈이야."

이런 식으로 꿈이나 희망을 이야기한 뒤에 "어떻게 하면 좋을까요?" 하고 조언을 구하는 사람이 있다. 그래서 진심을 담아 "○○하는 게 좋을 것입니다."라고 조언을 해주면, "그건 할 수 없습니다!", "기술을 배울 시간은 없습니다!" 등등의 '변명'이 돌아온다.

그럴 경우 응원해주고 싶었던 마음도 단번에 차갑게 식어버린다. 이런 경험이 있는 상사나 선배는 꽤 많을 것이다. 기껏 조언을 했지만 돌아오는 대답에 맥이 탁 풀리는 경우다.

진심으로 어떻게든 그 꿈을 이루고 싶다고 결심한 사람은 절대로 '변명'을 늘어놓지 않는다. 설사 마음속으로는 변명을 생각할지 몰라도 그렇게 간단히 말로 표현하지 않는다.

모든 것을 제쳐두고 그 꿈을 실현시키는 것을 최우선으로 해야 그것을 이룰 수 있다. 자신의 꿈을 실현시키는 데에 모든 에너지를 집중할 수 있기 때문이다.

무엇인가를 실현시키려면 반드시 무엇인가를 희생해야 한다는 말이 있다. 맞는 말이다. 그래서 조언을 했는데 '변명'이 돌아왔을 때에는 이렇게 말해주고 있다.

"변명부터 나온다는 것은 아직 진심이 아니라는 증거입니다. 당신이 진심이 아니면 저도 진심이 될 수 없습니다!"

덧붙여, 상사나 선배의 도움을 받고 싶다고 생각하는 사람은 조언을 구한 뒤에 '변명'은 삼가야 한다. 그렇지 않으면 상대도 더 이상 지원을 해주지 않을 것이다.

POINT 변명부터 나온다는 것은 아직 진심이 아니라는 증거다.

"당신은
그걸 할 수 있습니까?"

겸어해지기를 바랄 때
상대를 존중하지 않을 때

이른바 인터넷 포털 사이트를 돌아다니다 보면 여기저기에서 '독선적인 의견'이나 '독단과 편견'이 횡행하고 있는 것을 목격한다. 자신이 체험한 적도 없는 어떤 문제에 관하여 제멋대로 해석하거나 비판한다. 어떤 글들을 보면 정말 화가 날 때도 있다.

나도 강사로서 연수생들을 상대로 설문조사를 종종 하는데, 간혹 '평론가' 같은 비판을 늘어놓는 사람이 있다. 그럴 때면 가슴이 답답해져서 마음속으로 나도 모르게 '당신은 그걸 할 수 있어?'라고 묻게 된다. 그래서 나 스스로 상대에게

냉철한 비판을 건넬 때에는 "과연 나는 그걸 할 수 있을까?" 하고 자문자답을 해본다.

또 겸허함이나 상대에 대해 존중하는 마음 없이 함부로 의견을 이야기하는 사람에게는 "당신은 그걸 할 수 있습니까?"라는 식으로 이야기하거나 충고를 한다.

예전에 들었던 이야기가 지금도 잊히지 않는다. 어느 이름 있는 문학상을 수상한 사람이 한 말이었다.

"저는 창작에 힘써 그 고통을 맛본 적이 없는 사람으로부터 축하한다는 말을 듣는 것보다 수상을 목적으로 함께 절차탁마했던 사람으로부터 축하한다는 말을 듣는 쪽이 단연코 기분이 좋습니다."

지당한 말이라고 여겨진다.

누구나 가볍게 발언할 수 있는 시대인 만큼 "내게 그 말을 할 자격이 있을까?" 하고 먼저 스스로에게 물어보는 것도 중요하다고 생각된다.

POINT 나의 비판이 타당한지 먼저 점검한다.

"악의는 전혀 없습니다."

냉정해지고 싶을 때
뒤끝을 남기고 싶지 않을 때
비판이나 비평을 할 때

누구나 '냉정해져야 할 때'가 있다. 예를 들어 트레이닝 현장에서 지도자는 상대의 '의욕'을 이끌어내거나 '기합'을 넣어 분발하도록 하기 위해 큰 소리를 낼 때도 있을 것이다. 진심으로 부하 직원을 지도하는 상사도 '냉정해져야 할 때'가 있다. 모든 상황에서 느슨하거나 웃는 얼굴로만 대한다면 부하 직원은 변변한 인물이 되기 어렵기 때문이다.

친구 관계에서도 친구의 잘못을 보고 못 본 척해서는 도움이 되지 않는다. 때로는 '냉정하게' 말할 수 있어야 진정한 친구라고 말할 수 있다. '육아'가 좋은 예다. 올바르게 가르쳐야 할 때 냉정한 마음으로 야단을 치지 않으면 유약하거나 이기적인 사람으로 성장할 것이다.

'진심으로 꾸짖는다'는 점에 관해서 말하자면 나도 예외는 아니다. 교육 현장이나 지도 현장에서는 상대에게 미움을 사는 것을 두려워하지 않고 때로는 냉정하게 '싫은 사람'을 연출해야 한다. 그래서 냉정한 표정으로 상대의 잘못을 비판하기도 한다.

누구나 냉정해져야 할 때는 있다. 하지만 그것으로 끝내 버리면 서로의 마음에 뒤끝이 남는다. 따라서 꾸짖거나 지적하거나 비판한 뒤에는 "내 마음에 당신에 대한 악의는 전혀 없습니다."라는 식으로, 본인의 진심을 덧붙인다. 그 한마디를 덧붙이면 찝찝한 뒤끝이 남지 않는다.

POINT 이해를 구할 때에는 자신의 마음이나 동기를 상대에게 확실하게 전한다.

"잠깐 시간을 두고
생각해보지요."

**적합한 판단, 적절한 조언을 하고 싶을 때
완성도를 높이기를 바랄 때**

지금은 속도가 중시되는 시대다. 따라서 '고속화=서비스'라는 개념을 부정할 수는 없다. '느림'을 여유보다는 '불편함'으로 해석하는 것도 그 때문이다.

그러나 '상황에 따라 다르다'는 점도 잊지 말아야 한다. 서둘러 이메일을 송신한 뒤에 '아, 그 단어는 사용하지 말았어야 했어!'라는 생각에 불안해하거나 '이 말도 전해야 했던 게 아닐까?' 하고 당황한 적이 있을 것이다. 혹은 '상대의 뜻을 내가 잘못 이해한 게 아닐까?'라는 생각에 신경이 쓰이는 경우가 있다.

또 기획서나 회의 자료를 서둘러 작성해서 제출한 뒤에 '중요한 정보를 빠뜨렸다'는 사실을 깨닫고 고민을 하거나 다시 읽어보고 나서 '이해하기 어렵다'는 생각에 후회한 일도 있을 것이다. 저마다 이런 경험이 몇 번쯤은 있을 것이다.

'접객'도 무조건 서두른다고(빠르다고) 좋은 것이 아니다. 고객의 연령이 높은 경우일수록 대화 속도나 계산할 때의 대응은 여유 있게 진행되어야 한다.

그래서 부하 직원으로부터 건의를 받거나 힘든 점을 들었을 때에는 그 내용에 따라 다르기는 하지만 "잠깐 시간을 두고 다시 이야기해보는 게 어떨까요?", "잠깐 시간을 두고 생각 좀 해보자고요."라고 한다. 그렇게 하면 '시간이 해결해준다'는 말처럼 본인의 고민이었던 것이 별것 아닌 것이 되거나 심각한 문제가 그다지 심각하지 않은 문제로 바뀌는 경우가 많다.

또 문서 작성이나 프레젠테이션 자료를 의뢰할 때에도 부하 직원에게 이 말을 사용한다.

"완성이 되면 잠시 시간을 두고 다시 한번 충분히 확인해보도록 하세요."

"이 일은 특별히 급한 게 아니에요. 완성이 되면 시간을 두고 반드시 한 번 더 확인하도록 해요."

이렇게 말해주면 당신이 기대한 만큼 완성도가 높은 자료를 제출할 것이다.

특히 젊은 사람은 속도를 우선해서 의사 결정이나 작업도 '빠르면 빠를수록 좋다'고 생각하는 경우가 적지 않다. 그러나 시간을 두고 다시 한번 확인해보는 과정을 통하여 보다 확실하게 판단할 수 있고 완성도가 높아진다는 점을 명심해야 한다.

POINT 시간을 두고 확인해보면 좋은 결과를 기대할 수 있다.

"그렇다면
자문자답을 해보십시오!"

목표를 실현시키기를 바랄 때
자기 성장을 이루기를 바랄 때

"자신을 성장시키는 비결은 무엇일까요?"

연수생으로부터 이런 질문을 받는 경우가 많다.

직업군이나 개인의 성향에 맞추어 다양한 조언을 해주고 있지만 기본적으로 이런 식으로 대답한다.

"항상 자문자답을 해보는 게 중요합니다."

예를 들면 이런 질문이다.

"서비스란 무엇일까?" "인생이란 과연 무엇일까?" "일이란 무엇일까?" "이 경험을 통해서 나는 무엇을 배워야 할까?"

나 자신도 이런 식으로 항상 자문자답을 하고 있다. 해답을 얻거나 얻지 않고는 그다지 중요한 문제가 아니다. '파고 드는(사고하는) 행위' 자체에 의미와 가치가 있다. 그렇지 않으면 지금까지 그 수많은 사람들에게 선배랍시고 조언을 하거나 몇 권이나 되는 책을 쓸 수는 없었을 것이다. 그래서 높은 목표를 가지고 있는 부하 직원이나 후배에게도 이렇게 말해왔다.

"그렇다면 자문자답을 해보세요."

또 "어떻게 하면 책을 쓸 수 있습니까?" 하고 묻는 사람에게도 "철저하게 자문자답을 되풀이하다 보면 집필할 수 있게 됩니다."라고 조언한다. 자문자답을 되풀이하면 하고 싶은 말이나 쓰고 싶은 내용이 자연스럽게 떠오르기 때문이다.

다양한 분야에서 활약하고 있는 사람들의 공통점은 무엇일까? 한마디로 정리하면 끊임없이 묻고 답한다는 것이다. 그들은 무슨 문제든 자신이 납득할 수 있을 때까지 철저하게 스스로 묻고 대답하기를 되풀이한다.

여러분도 '일류'라고 불리는 사람들을 만날 기회가 있다면 평소에 어떤 자문자답을 하고 있는지 물어보도록 하자. '자문자답'은 스스로를 성장시키는 원동력이다.

POINT 프로는 항상 자문자답을 되풀이한다.

"사람의 가능성만큼은 평등한 것입니다!"

의욕적인 모습을 갖추기를 바랄 때

실적도 있고 평가도 높고 회사나 상사로부터 기대를 받는 유망주인 사람이 일에 지쳐 퇴사를 하는 경우가 있다. 반대로 말이 서투르고 자신을 잘 표현하지 못해 고민하던 사람이 어느 날을 경계로 부쩍 성장하더니 높은 실적으로 상사를 놀라게 하는 경우가 있다.

나는 경험을 통해서 전혀 기대를 받지 못했던 사람일수록 크게 변신할 확률이 높다는 사실을 깨달았다.

여러분도 다양한 강사로부터 지도를 받을 기회가 있을 것이다. 그때 그 사람의 경력을 살펴보기를 바란다. 이른바 '나락으로 떨어진 상태'를 경험한 뒤에 크게 변신한 사람이 꽤 있을 것이다.

그래서 연수생들에게는 "아무리 유능한 사람이라고 해도, 아무리 뒤처진 사람이라고 해도, 사람의 가능성만큼은 평등한 것입니다."라고 격려해주고 있다.

POINT 나락으로 떨어진 상태일수록 크게 변신할 확률이 높다.

에필로그

　'한마디'로 인해 '뜻이 통하는 관계'가 된다는 것은 인간관계에서 도달해야 할 하나의 목표인지도 모른다. 상사와 부하직원의 관계도, 고객이나 거래처와의 관계도 '한마디로 뜻이 통한다'는 것은 그만큼 관계가 성숙되었다는 증거이기 때문이다. 관계가 성숙될수록 단 한마디로도 충분히 의사소통이 이루어질 수 있다.

　'언어의 영향력'은 각각의 입장에 따라 달라진다. 예를 들어 같은 한마디(발언)라고 해도 사장과 사원은 그 영향력이 전혀 다르다. 또 그 한마디가 어떤 동기에 의해 어떤 감정, 어떤 태도로 사용되는가에 따라 상대에게 주는 인상이나 효과도 미묘하게 달라진다.

나아가 본인의 캐릭터에 따라 받아들여질 수 있는 한마디가 있고, 웃음을 주는 한마디도 있으며, 반대로 화나게 만드는 한마디도 있다.

지금은 누구나 가볍게 정보(언어)를 발신할 수 있는 시대다. 그렇기 때문에 더욱 '상대의 입장에 서보는' 상상력을 발휘하면서 말을 신중하게 선택해야 하고, 때로는 말을 삼가야 한다. 우리는 이른바 커뮤니케이션 능력을 시험당하는 시대에 살고 있다. 이 시대야말로 한마디를 연마할 수 있는 절호의 기회가 아닐까?

이 책의 기획(집필)을 제안받았을 때에는 솔직히 말해서 "나는 그런 책을 쓸 자격이 없다."라고 생각했다. 그 이유는, 다른 사람에게 자랑할 만한 화려하고 멋진 '인간관계'만을 형성해온 것이 아니기 때문이다. 집필을 하는 과정에서도 '스스로 나 자신을 해부해서 사생활을 모두 드러내는 감각'에 저항감을 느끼거나 '나의 발언을 미화해서 자화자찬하는' 데에 몰입하게 되는 것은 아닐까 하는 걱정을 끌어안고 있었다.

그러나 담당 편집자인 PHP연구소 생활교양출판부의 오

이와 아키라大岩央 씨와 커뮤니케이션을 주고받는 동안에 "그렇다면 한번 써보자!"라는 전향적인 마음이 생겼다. 또 집필 과정에서 나의 의욕을 높여주는 한마디를 소개하면서 그 자체가 글을 써나가는 원동력이 되었다.

오이와 아키라 씨의 도움이 없었다면 이 책은 탄생할 수 없었을 것이다. 진심으로 감사의 말씀을 드린다.

또 집필 기획을 진행해주신 아키렛지ァーキレッジ 주식회사 대표이사인 고토 히데유키後藤秀行 씨에게도 많은 신세를 졌다. 이 자리를 빌려 진심으로 감사의 말씀을 드린다.

이 책이 충실한 인간관계를 확립하는 데에 조금이라도 힘이 될 수 있길 바란다. 끝까지 읽어주신 독자 여러분께 진심으로 감사를 드린다.

야마기시 가즈미

인간관계,
그 한마디가 부족해서

초판 1쇄 인쇄 2020년 4월 13일
초판 1쇄 발행 2020년 4월 20일

지은이 | 야마기시 가즈미
옮긴이 | 이정환
펴낸이 | 한순 이희섭
펴낸곳 | (주)도서출판 나무생각
편집 | 양미애 백모란
디자인 | 박민선
마케팅 | 이재석
출판등록 | 1999년 8월 19일 제1999-000112호
주소 | 서울특별시 마포구 월드컵로 70-4(서교동) 1F
전화 | 02)334-3339, 3308, 3361
팩스 | 02)334-3318
이메일 | tree3339@hanmail.net
홈페이지 | www.namubook.co.kr
블로그 | blog.naver.com/tree3339

ISBN 979-11-6218-096-9 03190

이 도서의 국립중앙도서관 출판예정도서목록(CIP)은 서지정보유통지원시스템 홈페이지
(http://seoji.nl.go.kr)와 국가자료공동목록시스템(http://www.nl.go.kr/kolisnet)에서
이용하실 수 있습니다.(CIP제어번호: CIP2020011002)